How to Create Wealth

富の創造法

激動時代を勝ち抜く経営の王道

大川隆法
RYUHO OKAWA

まえがき

富が目減《めべ》りし始めている。

三十年近いゼロ成長期のあと、この国が再び成長軌道に入れるかどうかは、極めて、厳しいものがあるだろう。

打ち続く台風被害のあと、十月一日には、消費税が8％から10％に引き上げられたが、その後も台風19号、20号、21号と続き、計算できないほどの国土の荒廃《こうはい》とその復興対策費が必要であるとともに、消費不況のデフレ・スパイラルが始まるだろう。

本日は、新天皇の「即位礼正殿の儀《そくいれいせいでんのぎ》」の日だが、パレードは台風被害も考慮して先延ばしされた。

日本神道《しんとう》の神々のお考えは、聞かなくても分かっている（注。その後、二〇一九年十月二十六日に「台風19号リーディング」を収録したところ、日本神道の神々がその真意を語られた）。

ささやかではあるが、本書は、再度、日本を勝ち組に戻すための参考書である。もう一度、この国を元気にしたいものだ。

二〇一九年　十月二十二日

幸福《こうふく》の科学《かがく》グループ創始者兼総裁《そうししゃけんそうさい》　大川隆法《おおかわりゅうほう》

富の創造法　目次

第1章　ミリオネイア発想法
──仕事と経営における「真《しん》・善《ぜん》・美《び》」──

8　自分が豊かになることで、人々を幸福にしていく　107

3 お金持ちになるための考え方 151

第3章　経営者マインドの確立
――国と世界の情勢があなたの経営にどうかかわるか――

7 「縁起《えんぎ》の理法《りほう》」で世界経済を考える 254

8 国家間の「戦争の経済学」まで考える 263

第1章

ミリオネイア発想法

――仕事と経営における「真《しん》・善《ぜん》・美《び》」――

二〇一九年六月三日　説法《せっぽう》　幸福の科学　特別説法堂にて

1 「貧しさの種」と「希望の種」

世界の約十億人が食べるものに苦しみ、電気がない生活をしている

今回のテーマは、今朝《けさ》に見た夢のなかで、こういう演題（「ミリオネイア発想法」）が出てきたので、「ニーズはあるのかな」と思っています。

今の世相《せそう》を見てみると、全体が何となく、不況《ふきょう》になり、貧しくなっていきそうな気もします。「令和の時代になって、新しい風が吹《ふ》き、好景気になりはしないか」と政府などは期待しているかもしれないし、そうなるかもしれませんが、心配なことはたくさんあります。

ただ、その一方では、希望の種を見つけようとすれば、見つけることもできる

でしょう。実際、国内を見るだけではなく、世界を見ると、いろいろな幅《はば》を持ったものの見方ができます。

最近発刊した『黒帯英語九段③』（宗教法人幸福の科学刊）には、インドの事例が出ています。その内容は一年ほど前のものですが、「予定より十二日早く、インドの全市町村に電気が灯《とも》るようになった」という、モディ首相の発表などの英文と和訳を載《の》せてあるのです。

「ああ、そうか。あのインドで、すべての市町村に電気が灯るようになったのか。人口十三億の国全体で電気が灯るようになったのなら、かなり進歩したのだなあ」と思い、感無量ではあります。以前にインドへ行ったときには、町から離《はな》れたら真っ暗だったのです。

ただ、その英文の最後のほうには、「しかし、世界では、まだ十億数千万人の人たちが電気のない生活をしている」とも書いてあるので、「ああ、やっぱり、そうなのか」とも思いました。十億人以上が今も電気のない生活をしているのです。

別の調査によれば、世界の最貧国等には、食べるものに困っている国民が、やはり十億人ぐらいはいるようです。電気がない生活をしている人たちもいれば、その日の食べ物に困っている人たちもいるのです。もしかしたら両者は重なっているかもしれません。

世界には七十億を超《こ》えて、八十億近くの人口がありますが、そのうち十億人ぐらいは、食べるものにも苦しみ、電気がない生活をしているわけです。

アメリカなどの豊かな国にも貧困はある

一方、それとは正反対の豊かな生活をしている国もあるでしょう。おそらく、国民一人当たりで、貧しい国の百倍以上の収入をあげているところもあると思うのです。

しかし、そのように統計的に見て頭数で割れば、百倍ぐらいの収入があることになっていても、個別に見たら、また違《ちが》うわけです。

アメリカにトランプ大統領が出てきたのは、結局、中流から下ぐらいのホワイト、白人層にけっこう職がなく、彼らが貧乏《びんぼう》をして苦しんでいたからです。

ここは見落とされがちであったのですが、トランプ氏は、「この層は職がなくて苦しいんだな」と思ったわけです。外国に産業が移転して空洞《くうどう》化したため、単純労働か、それに毛が生《は》えたような仕事をしている層には、仕事がなくなり、収入のない人が増えていて、そういう人に社会保障ばかりしていても、国は貧しくなっていきます。そういう兆候《ちょうこう》を彼は見ているのです。

世界の最貧国から見ればずっと豊かな国であっても、そのなかには、やはり貧困があるわけです。

日本では、電気が通っていないところがあるとは考えにくいのですが、それでも、お金を払《はら》わないので電力会社に電気を止められている家はあるでしょう。お年寄りの家にもそういうところはあると思いますし、ゴミ屋敷《やしき》のようになっている家で、電気が止まっているところもあると思います。

今日の新聞を見ると、「八十代の親が五十代の子供を養わなくてはいけないような時代が来ている。四十歳《さい》から六十四歳の年代で家に引きこもっている人が約六十一万人もいる」ということを問題にしている記事もありました。そういう種は尽《つ》きないだろうと思います。

統計的に全体の平均を出せば、「収入が高い」とか「豊かだ」とか言えるけれども、いろいろな社会に光を当ててみると、空白地帯というか、真空地帯はまだまだたくさんあるのだなと思います。

戦乱が起きれば、産業が破壊《はかい》されて貧困が生じる

それから、貧しいがゆえに、内戦が起きたり、国内で紛争《ふんそう》が起きたりして、さらに貧しくなる国もあれば、豊かになってきたがゆえに、軍事拡張をして、次の戦争を起こしそうになっている国もあります。

例えば、「防衛」という概念《がいねん》に関して、消極的に、「敵から攻撃《こうげき》を受けたときには自国を護《まも》る」というぐらいの考え方をする国もあれば、もっと積極的に、「侵《しん》略《りゃく》」を「防衛」と言い換《か》えるような国もあります。

例えば、「『中国本土と台湾《たいわん》を引き離す』と言う国があったら、戦争をも辞さない」という強気なことを言う人も出てきたりします。「台湾は中国のものだから、それから引き離そうとされれば、それは国防の問題になる」ということで、「そういう国に対しては攻撃可能だ」と言ってみたりするわけです。

あるいは、南シナ海の南沙《なんさ》諸島あたりに人工の島をつくり、滑走路《かっそうろ》もある基地をつくって、他国が周囲を自由に航行できないようにし、そこを自由に航行できるようにしようとする国に対しては、「それも国防を侵害することになるから、攻撃可能だ」と考える人も出てきます。

お金があっても、戦争、戦乱が起きれば産業は破壊《はかい》されますし、一家の大黒柱が死んだりして貧困が生じます。

大富豪《だいふごう》の松下幸之助《まつしたこうのすけ》さんや、学者であっても個人で努力して大金持ちになった●本多静六《ほんだせいろく》先生も、第二次大戦が終わったときには一文無《いちもんな》しのようになったことがあります。

そのように、個人の努力で儲《もう》けても、それとは別に戦争などがあると、株が紙切れになってしまうとか、工場がなくなってしまうとか、富を稼《かせ》ぐ資本が全然なくなってしまう場合もあるのです。

●本多静六（1866～1952）　日本初の林学博士。東京帝国大学で教鞭《きょうべん》を執《と》りつつ、水源林や鉄道防雪林の創設、明治神宮神苑《しんえん》や日比谷公園の設計などを行った。また、大学教授でありながら巨富を築いた「蓄財の達人」としても有名。『人間にとって幸福とは何か―本多静六博士 スピリチュアル講義―』（幸福の科学出版刊）参照。

そういう意味では、今後も、いろいろなことが考えられるだろうと思います。

電子マネーが流行《はや》り、現金は時代遅《おく》れになりつつあるのか

例えば、銀行はお金をたくさん持っていますし、他人《ひと》に融資《ゆうし》するだけの余力もあります。また、銀行に就職すれば、昔は安定していて、収入は高く、普通《ふつう》の企《き》業《ぎょう》の二倍も三倍も収入があったような銀行もあります。しかし、その銀行でさえ、「もう危なくなってきた」というようなことも、よくささやかれてはいます。

インターネット系の発達と同時に、銀行機能の一部が吸い取られていきつつあります。スマホ（スマートフォン）とコンピュータ・テクニックが結びつき、銀行の持っている金融機能がだんだん奪《うば》われていきつつあるのです。

そのため、多くの倒産《とうさん》や失業者が生まれ、さらには、「銀行からお金を借りていたところがどうなるか、分からない」ということになるかもしれません。

怖《こわ》いことはまだまだあります。「お金を預貯金さえしておけば、大金持ちになっている」と思うかもしれませんが、必ずしもそうとは言えなくなるかもしれないのです。

中国では電子マネーが流行《はや》っていて、財布《さいふ》を持たないことを自慢《じまん》している人が多いわけですが、そうは言っても、まだ全部が電子マネーで済むわけではありません。ただ、中国や韓国《かんこく》で電子マネーが多くなっているので、今、日本もその影響《えいきょう》を受けており、あちこちで電子マネー化の動きがあります。

私の場合、仕事柄《がら》、映画を観《み》なくてはいけないことが多いのですが、映画館には、ほんの一、二年ぐらい前から、急に、「現金の方は、こちらへ」という感じのところができました。カウンターの隅《すみ》のほうでコーヒーや紅茶などを売っているのですが、一列だけが現金払いの人向けで、あとは電子マネーでの支払いなのです。

「あら、だんだん中国・韓国化しつつあるなあ。現金を使う人はもう時代遅《おく》れになりつつあるんだな」と思い、今昔《こんじゃく》の感に堪《た》えないというか、「もうすぐ、この世で生きていけなくなるのではないか」と心配になってくるのです。

「現金を使う方は、ここだけで買ってください」というかたちが出てきていますし、少し前には、「自宅などからインターネットで映画館の席を予約できる」ということが始まったと思います。

これは、だんだん、年を取っていくのが恐《おそ》ろしくなりそうな社会です。田舎《いなか》のおじいさんやおばあさんたちは、みな、もう映画を観られなくなるかもしれません。やがて、そのような時代に入っていくのではないかと思うのです。怖い時代にはなっています。

銀行に預けていたお金が瞬間的《しゅんかん》に消えることもありえる

中国でも、「電子マネーだけでやっている人は、おそらく、まだ六十パーセントぐらいだ」と言われているので、電子マネー以外のもの、すなわち、キャッシュ（現金）や、それに代わるようなものを使っている経済も、まだ四十パーセントぐらい動いているとは思いますが、日本よりも電子マネーの比率が高いことは事実でしょう。

ただ、それで「便利になった」と思って喜ぶほど、私は甘《あま》くありません。

全部が電子マネーになり、コンピュータで管理できるようになって、〝電気の世界〟だけでお金があることになっているとします。そして、例えば、人民解放軍といった〝軍隊付き〟の国が、そういうコンピュータ会社を全部管理していると、どうなるでしょうか。

国民の持っている全財産をすべてつかんでいるコンピュータ会社がどこも国有だったら、国民の持っている今の財産が、一瞬《いっしゅん》で国に全部分かってしまいます。

「これから幾《いく》ら頂きますから」ということで、何パーセント、何十パーセント

という お金を国民の財産から取る法律が通ったら、「瞬間的にパッと財産が消える」ということだってありえるのではないかと思います。

そう思うと、やはり〝怖い〟と言えます。まだ起きてはいませんが、そういうことが起きる可能性はあると感じます。

そうなると、古典的な税務署対策風に、「畳《たたみ》の下に金庫を隠《かく》す」とか、「池の水を抜《ぬ》いてみると甕《かめ》が出てきて、そのなかにお金が入っていた」とか、そのような時代に戻《もど》るかもしれません。あるいは、「金塊《きんかい》に換える」とか、インド人やユダヤ人のように「ダイヤモンドに換える」とか、いろいろ手はありましょう。そんなものも、一部は有効なのではないかと思うこともあります。

そのように、抵抗《ていこう》できない勢力によって、瞬間的にパッと財産が取られることもあるかもしれません。

そうではなくても、例えば、戦争の時代になって、電磁パルス攻撃のようなものがあった場合には、「銀行には自分のお金が一億円あるはずだ」と言っても、「ああ、その情報は消えてしまいました。電磁パルス攻撃を受けたため、その情報は消失し、取り出せません」と言われたら、〝一文無し〟になってしまいます。

このようなかたちで、ある日突然《とつぜん》、一文無しになることもあるので、「いやあ、怖いな」と思います。

普通に働いてお金持ちになっていく方法も大事ですが、これから何が起きるか分からない時代に入っていくと思うので、かつて「信用がある」と思われていたものの信用がなくなったりします。

「信用がある」と思われていた金融機関や国家、大会社の信用がなくなったりするかもしれませんし、「お金持ちの国だから大丈夫《だいじょうぶ》だ」と思ったら、そういうところにお金を取られることもあるかもしれません。

そのあたりが見えない時代になると思います。

2 「清貧《せいひん》の思想」に気をつけよ

億万長者《おくまんちょうじゃ》になる「方法論」や「精神的態度」には共通項《こう》がある

先ほど述べた松下幸之助《まつしたこうのすけ》さんにしても、本多静六《ほんだせいろく》先生にしても、一文無《いちもんな》しのようになっても復元《ふくげん》しています。

確かに、お金持ちの人でも、株などを持っている場合には、それがただの紙切れになるようなこともあるでしょう。

例えば、アメリカ大統領のドナルド・トランプ氏は、一九八〇年代の「バブル期」といわれたときには、不動産王として、けっこう勢力を持っていたのですが、九〇年代に不動産不況《ふきょう》が来たときには〝一文無し〟になり、会社が幾《いく》つか潰《つぶ》れているはずです。そこから復元してきて、大統領にまでなったわけですから、「すごいな」と思います。

「リーマン・ショック」がアメリカを襲《おそ》ったときに一文無しになった人もいるはずですが、トランプ氏は、それに関してもうまく切り抜《ぬ》けることができたのだろうと思います。

億万長者《おくまんちょうじゃ》になることもすごいことですが、一文無しになっても復元していく力を持っている人からは、「さらにすごいな」という印象を私は受けています。

ただ、億万長者になるメソッドというか、方法論、あるいは精神的態度のようなものには、共通したものがあるのではないかと思います。

本章の演題は「ミリオネイア発想法」ですが、昔、百万円でも大金だったころの日本では、「百万長者」とよく言っていました。この「百万」は、ドルで言えば一億円なので、現代では「億万長者」になるわけです。

近年の映画で、「億男」（二〇一八年公開、東宝）という作品がありました。これは、「勤勉に稼《かせ》いだ」という話ではなく、「宝くじで三億円が当たった」という話です。

突如《とつじょ》、三億円が当たり、金持ちである友達に使い方を訊《き》きに行ったら、「まず現金を見たほうがいい」と言われたので、銀行の人が「すぐに下ろすのは危険です」などと言っているのを聞かず、その人は銀行から全額を下ろしてしまいます。そして、どんちゃん騒《さわ》ぎをして泥酔《でいすい》し、朝起きてみたら、そのお金は何もかもなくなっていました。友達がお金を持って逃《に》げたのです。

なくなったお金はやがて返ってくるのですが、お金が入ったあとと、それを喪《そう》失《しつ》したあとの精神的な葛藤《かっとう》を、大友啓史《おおともけいし》監督《かんとく》が描《えが》いていました。

「億男」と言ったら、やや差別用語で、「億女」もあるとは思うのですが、宝くじなどで当てるよりは、どちらかといえば、きちんとした仕事でお金儲《かねもう》けをするほうを私は勧《すす》めたいと思っています。

ハングリーだからこそ、「資本主義の精神」が発生する

宗教的には、「お金を儲けるのは悪いことだ」という考え方が強く、二千年、あるいは千数百年以上前に説かれた宗教には、どちらかといえば、お金儲けについて否定的なものが多いと思いますし、「清貧《せいひん》の思想」のようなことを説いたものも多いと思います。

ただ、「清貧の思想」そのものがよいわけではないと私は思っています。「清貧の思想」を実践《じっせん》している人が、そのなかから、もう一段、精神的なものを紡《つむ》ぎ出したら、それは価値のあるものになるとは思います。

しかし、単なる貧乏礼賛《びんぼうらいさん》になってしまったら、「電気も食べ物もない人たちがいて当然であり、それが世界の七十億人、八十億人、百億人になっても構わな

い」と考える思想にもなりかねないわけですし、それであったなら、よくないものもあるのではないかと思うのです。

一方では、確かに、お金には人を堕落《だらく》させる面もあるので、そうならないように生活を護《まも》ることも大事であろうと思います。

それから、「貧富の差が不平等を生み、人間の成功のチャンスを分ける」という考え方は、マスコミではよく言われているものです。例えば、「お金持ちで、年収がだいたい八百万円から千二百万円の層より上では、子供を私立の学校にやれて、その結果、子供はいい学歴を得る。そして、就職先もよく、収入も多い」ということが、ここ十年や二十年、ずっと言われ続けています。

ただし、その逆もあります。家にお金があって豊かな生活をしていると、昔から言われているとおり、「勤労の精神」が失われていくことがあるのです。

ハングリーだからこそ、例えば、「幼少時から十分に食べられなかった。贅沢《ぜいたく》ができなかった。いい家に住めなかった。それができる人もいたけど、自分はそうなれなかった」と思うからこそ、刻苦勉励《こっくべんれい》をし、働いてお金を稼ごうとする動機が生まれてきます。

ここに「資本主義の精神」が発生してくる場合もあるわけです。

そのように、貧しい人には、「豊かになりたい」という願望があります。

しかし、豊かさのなかで、二代目、三代目と続いていき、「勤勉の精神」がなくなって、「勉強や労働をしなくとも食べていけるし、お金はいくらでもある」という感じになってくると、もし会社を持っている人だったら、その会社は傾《かたむ》いていくこともあります。

親が持っている財産だけを当てにしていても、その財産がだんだん目減《めべ》りしていくこともありますし、目減りしなくても、国税庁が来て持っていく場合もあります。

そのように、「お金持ちの次には、堕落や没落《ぼつらく》という段階があって、いったん落ち始めると、その引力から逃《のが》れて再上昇《さいじょうしょう》するのは大変なことなのだ」ということも、よく分かるようになってきました。

天国に還《かえ》っていなかった、『清貧《せいひん》の思想』の著者

一九九〇年代に、『清貧《せいひん》の思想』という本が流行《はや》った時代がありました。バブルが崩壊《ほうかい》し、みな、だいたい貧しくなって、会社等も潰れていった時代です。

ですから、これは一種の「肯定《こうてい》思想」になりますが、「清貧の思想」的なものが流行り、その本はベストセラーになったので、それを書いた人は、おそらく儲かって、億万長者になった可能性はあると思います。

ただ、私のほうは宗教家なので、その人がどうなったかを調べることができたのですが、霊言《れいげん》はしていません。その人は、本がヒットして、思想も流行って

いたのですが、死後に還《かえ》っている世界は、「あれ？　おかしいな」という感じで、天上界《てんじょうかい》ではなかったのです。

昔の宗教というのは、キリスト教であっても、原始仏教であっても、イスラム教であっても、「お金や富などに目をくらまされてはいけない」という教えのほうが多いでしょう。

ですから、「清貧の思想」を広め、「貧しくても、人間らしく生きていけばよい」「戒律《かいりつ》を守り、この則《のり》を守って生きればよい」というように、みなを啓蒙《けいもう》したのであれば、宗教の代わりになるよいことだったのかなと、私も思っていたのです。

ところが、その著者は天国に還っていなかったので、「あれ？　これは、どういうことなのだろう」と、私も一瞬《いっしゅん》キョトンとしました。

どうやら、現代では、「清貧の思想」だけでは天国に行けないらしいのです。

マルクス主義的な共産主義思想は国を傾《かたむ》ける

多少、個人個人では分かりかねる面があるのですが、そうした「清貧の思想」が、例えば、マルクス・レーニン的な共産主義思想とつながりやすいことは事実でしょう。

共産主義思想というのは、基本的には、貧困を肯定する思想であり、「お金儲けをした人は悪い人だから、そういう人からお金を取って、ばら撒《ま》けばよい」という考えではあるわけです。要するに、「努力して稼ぐよりは、お金儲けをした人からお金を取って、ばら撒けばよい」というのが基本的な考え方なのです。

なお、私のほうの判定では、「そうしたマルクス主義的な共産主義思想というのは、地獄《じごく》的なものらしい」ということが、いろいろな各種●（霊的な）調査の結果、明らかになってきています。したがって、そちらにつながっていくのなら、

●**各種（霊的な）調査**……『マルクス・毛沢東《もうたくとう》のスピリチュアル・メッセージ』『毛沢東の霊言』『中国 虚像の大国―商鞅《しょうおう》・韓非《かんぴ》・毛沢東・林彪《りんぴょう》の霊言―』（いずれも幸福の科学出版刊）等参照。

やはり問題はあるでしょう。

そういうことが言えるので、一概《いちがい》に、その言葉を言い換《か》えればよいわけではありません。

例えば、「共産主義」とか、「貧困思想」とか、「貧困礼賛《らいさん》」といった思想を「清貧の思想」と置き換えたら、きれいではあります。しかし、その思想が、もし、共産主義のほうに流れていく思想になった場合には、不幸を肯定して、努力した人や繁栄《はんえい》している人を否定することになります。そういう意味では、やはり、国富が減り、だんだん、「みなが貧乏になっていく思想」「国が傾《かたむ》いていく思想」にもなりかねないわけです。

そうであるならば、逆に、「みなが、泥棒《どろぼう》や詐欺《さぎ》などではなく、きちんと勤勉に働き、正規に成功し、収入を上げて、本当に社会保障が必要な人に行き渡《わた》るぐらい税金を払《はら》えるようになるほうが、天国的なのではないか」という考え方もあるでしょう。

アメリカでも流行《はや》った、マルクス主義に似た思想

これは十年前ぐらいから近年までの間のことかと思いますが、あの資本主義のチャンピオンであるアメリカでも、やはり、似たような思想が流行《はや》ってはいました。それは、「われわれは、九十九パーセントだ」という考え方です。

要するに、「アメリカの富の半分近くは、ウォールストリートあたりで働いている、頭のいいというか、お金を稼ぐのがうまいやつら、そうした国民の一パーセントの人が所有している。一パーセントの人が国富の半分近くのお金を持っていて、残りの九十九パーセントの人は貧しいままだ」という、マルクス主義のような思想がアメリカで流行り、ウォールストリートでデモが行われたときがあったのです。

確かに、短い期間だけを取れば、一見、そのとおりに見えることはあるでしょう。しかし、成功していくには、一定の期間の努力の積み重ねが要《い》ることは事実であり、「宝くじのようなものに当たって儲かった」ということが連続することはありません。

したがって、そうした「われわれは、九十九パーセントだ」というような考え方は、どうなのかなと思うところはあります。やはり、「『ビジネスで成功する方程式』を身につけて、何をやっても成功する人が収入を上げていく」ということについては、そんなに否定してはいけないのではないかと思うのです。

おそらく、それは、二〇〇八年のリーマン・ショック以降、貧しくなったアメリカ人たちの抗議《こうぎ》だったのでしょう。あのときも、そうした「収入がなくても家が持てる」という思想が流行りました。

それはオバマさんが大統領になる直前で、オバマ大統領の時代にその後始末《あとしまつ》があったと思うのですが、「自分に収入がないのに、土地付きの家が持てる」「いろいろな証券を組み合わせ、複合的な金融《きんゆう》工学を使って借金の部分を世界に散らばらせていけば、収入はなくても家が持てる」という思想が流行り、それに騙《だま》された人が、そのあとで大損した時代があったのです。

これは、私が先ほど述べた「宝くじや競馬《けいば》、競輪といった系統で当てようとする考え方」の〝隣《となり》近所〟にあるような思想でしょう。行きすぎると、そうした「金融工学だけで儲けようとするような考え方」になるのだろうと思います。

3 「二匹《ひき》目のドジョウ」を追うべきか?

「株《くいぜ》を守る」「二匹目のドジョウ」からの教訓

やはり、物事は、常に本道に戻《もど》ってこなくてはいけません。

古い時代の考え方として、今では、こういう言い方は知らない人のほうが多くなっているとは思いますが、「株《くいぜ》を守る」という言葉があります。「株」というのは、木の切《き》り株《かぶ》のことです。

「切り株を守る」というのは、どのようなことでしょうか。

ある国に、田畑を耕している農夫がいました。あるとき、休んでいると、ウサギが走ってきて、田んぼのなかの切り株に頭をぶつけてコロッと死んでしまいました。労せずして、農夫はウサギを手に入れることができたのです。もちろん、ウサギは、食べることもできただろうし、売ればお金になっただろうと思います。

そのようなことがあったため、その農夫は、「切り株を守るというか、見張っていれば、また、二匹《ひき》目のウサギが頭をぶつけて、コロッといくのではないか」と思うようになったのです。

それで、「株を守る」という言葉が生まれたわけです。

あるいは、似たようなものかと思いますが、ほかには、「二匹目のドジョウ」という言葉があります。

「柳《やなぎ》の下に、二匹目のドジョウはいない」というような言い方をしますが、「たまたま、網《あみ》を入れてみたら柳の下にドジョウがいて獲《と》れたので、『またいるだろう』と思って、柳の下ばかり一生懸命《いっしょうけんめい》、網ですくっても、二匹目のドジョウはいない」ということです。そのような言い方もあります。

「ソニー・モルモット論」に見る、松下《まつした》電器とは逆の考え

一方、それとは逆に、「二匹目のドジョウになれ」という考えもあります。これは、松下《まつした》電器（現・パナソニック）が〝マネシタ電器〟と揶揄《やゆ》されていたときに使われた言葉ですが、「ドジョウがいたなら、そこはドジョウにとっては、いやすいところだから、そこに網を入れたほうが、ほかのところよりも獲りやすい」という考えもあるわけです。

これは何を言っているのかというと、「すでにあるマーケットを、もっと大きな力で攻《せ》めれば、もっと儲《もう》かる」という考えでしょう。

さらに、これは、次のようなことも意味しています。

「ソニー」という会社は、戦後できたばかりのときには「東京通信工業」という名前で、その後に社名を変えたのですが、いつも新しいことに挑戦《ちょうせん》していたた

め、「ソニー・モルモット論」ということが言われていました。

要するに、「ソニーがやって、成功するかどうか」を見て、ある程度、成功してマーケットができてきたら、そこで、もっと資本が大きくて、会社も工場も大きかった松下電器が出ていって、ソニーのマーケットを奪《うば》いに入るわけです。

そのように、「ソニー・モルモット論」といって、「他人《ひと》が耕した畑を取って、自分のほうが儲ける」というやり方、「二匹目のドジョウもいる」という考え方も、確かにあったとは思います。

ただ、そのうちに、だんだんソニーも大きくなってきたため、松下幸之助《まつしたこうのすけ》さんのほうも、晩年には、「ソニーさんはチャンピオンです。われわれはチャレンジャーです。チャンピオンに挑戦するのが松下の考え方です」というように、ソニーを持ち上げて、「チャンピオンに挑戦するのだ」というようなことを言い始めました。

もっとも、幸之助さんは口上手ですから、そういう言い方をしていましたが、最初はソニーを〝モルモット代わり〟に使っていたと思うのです。

マーケットが大きくなると、大手が入ってきた「野菜工場」

同じような例で言うと、最近では当会も、野菜工場などを、HSU（ハッピー・サイエンス・ユニバーシティ）のなかで少し研究していますが、これは、その前から、私の知っている人も始めてはいました。

その人の野菜工場も、もちろん、最初は珍《めずら》しくて隙《すき》間《ま》産業だったのですが、だんだん目立ってくるように

●HSU（ハッピー・サイエンス・ユニバーシティ）　2015年4月に開学した、日本発の本格私学。「幸福の探究と新文明の創造」を建学の精神とし、「人間幸福学部」「経営成功学部」「未来産業学部」「未来創造学部」の4学部からなる。千葉県長生村《ちょうせいむら》（右写真）と東京都江東《こうとう》区（左写真）にキャンパスがある。

なると、「最初はやっていなかった、他の大きな企業《きぎょう》が待っている」ということがあったのです。

確かに、室内で野菜をつくる「野菜工場」というのは、空気や温度、光などを調整しながら研究しているので、南極等で観測隊の隊員たちが野菜を手に入れるにはすごく便利ですし、宇宙旅行の時代には、絶対に必要なものでしょう。「宇宙船のなか、あるいは、月の裏側や火星などに基地をつくって人類が住む」というなら、おそらく必要な技術だと思います。

最初は小さなマーケットなので、いろいろな研究をして、そこで走れていても、目立ってくると大手が狙《ねら》ってくるのは確実です。

そういうわけで、ある新聞の夕刊に、「野菜工場が成功している」という記事が写真入りで載《の》っているのを見たときに、私などはすぐに、「ああ、これは大手が入ってくるな」と思ったのですが、やはり、その一、二年後に大手が参入してきました。

そのように、もうすでに開かれたマーケットに大手が入ってくることもあるのです。起業して成功しても、次の段階が来ると、大きな企業が入ってきてサッとさらわれるようなことがあるので、なかなか難しいなと思います。

マンガが原作の映画が「二匹《ひき》目のドジョウ」を狙《ねら》う理由

ほかにも、そうした二番手商法で成功するものはあります。

例えば、映画などを観《み》ていると、マンガが原作の作品が非常に数多くあります。マンガは、売上部数が普通《ふつう》の本とは全然違《ちが》い、何百万部も売れているので、そのくらいヒットしたマンガ作品だと、すでに一定の読者がいるわけです。そのため、映画化すると、「観てみたい」と思う人が一定の数いるのは確実なのです。

また、マンガというのは、ビジュアライズ（視覚化）されており、絵になっているので、映画にしやすいというか、発想として、どうすればよいかが分かりやすい場合があります。

そのように、マンガが原作の映画というのは、映画化するのに絵にしやすい部分があるのと、広告しなくても、ある程度ヒットする可能性もあり、動員が見込《みこ》めるようなところがあるのです。それらが、マンガが原作の映画が「二匹《ひき》目のドジョウ」になっている理由であり、やりやすいところなのでしょう。

それはマンガのなかでもヒットした作品に絞《しぼ》られてはいますが、そうした作品は映画としてよく上映はされています。

そういった儲け方もあるのかもしれませんから、世の中のいろいろな現象は、よく見なければいけないでしょう。

みながやり始めたときには「ピーク」が来ていることが多い

ただ、私の考えを述べるとすると、一般的《いっぱん》に、みなが「われもわれも」と乗り出し、手を出しているようなものというのは、だいたいピーク（頂点）が来ていることが多いのです。したがって、自分も参入すると、それからあとは損をすることのほうが多いので、気をつけたほうがよいでしょう。

例えば、インターネットが流行《はや》り出したころに、「デイトレ（デイトレーディング）」といって、「毎日の株式・債券《さいけん》等の取引で、主婦が自宅にいながらお金を儲けられる」というようなことを、やたらと新聞が書いていたことがあります。

しかし、そのころは、もうだいたいピークが来始めていたころなので、参入して損をした人はたくさんいるはずなのです。

そのように、「まだ狭《せま》いマーケットで、これから大きくなっていくというときには、すごく儲かるものの、みながやり始めると、値打ちがなくなって暴落する」というものはたくさんあるので、そのあたりの見込みには気をつけないといけません。

今は、「小学生でも、四十人のうち十人ぐらいが、自分自身のブログのようなものを持ったり、何か、いろいろな情報を発信しているらしい」という話もあって、ずいぶん進んだ時代です。

昔なら、例えば、小学生が本を書いたり、自分の意見を発表したりするというのは大変なことで、なかなか、そこまでは行けませんでした。そうなるには、そうとうな「学習の蓄積《ちくせき》」や「努力」が必要で、それをしないかぎりは、そこまで行けなかったのです。しかし、今では、小学生でも自分の意見を発表できるようになっています。

ただ、内容が足りないために、友達の悪口になったり、いじめになったりする傾向《けいこう》が強いようではあります。とはいえ、四十人のうちの十人ぐらいがそういうことをし始めていて、将来の夢のベスト10《テン》の上位のほうには、「YouTuber《ユーチューバー》になって、お金を儲けたい」というようなものが来るのだそうです。

しかし、小学生までが、「〝宮仕《みやづか》え〟などはしたくない。YouTuberで食べていけたらいいな」と言い始めたら、これは、もう絶対に、「だいたい危ない」と思わなくてはいけません。

もちろん、たまには、それで儲かった人もいますから、そういう人は吹聴《ふいちょう》するでしょう。そのため、「そうなれるかな」と思ってほかの人もやると、そうはなれないわけです。やはり、みながそう思い始めたら、もう、「だいたい危ない」と見たほうがよいでしょう。

4　個人としての成功と「才能」の見極《みきわ》め方

野球選手や棋士《きし》で成功するためには「才能の見切り」が大切

また、大金持ちになるといっても、「個人でなる場合」と、「組織を使って、仕事を大きくし、組織全体を豊かにする場合」との両方があり、いちおう、両者には考え方に違《ちが》いがあるだろうとは思っています。

もちろん、個人的な投資や修業等の努力が要《い》るのは、両方とも同じだとは思うのですが、才能に大きくベースを置いているものの場合は、個人的な成功になることが多いでしょう。

例えば、野球選手等は、チームプレーではあるものの、やはり、大金持ちになれるかどうかは、個人の選手の才能と努力にかかっていることが多いでしょう。これは、ある意味で、「九十九パーセント以上の人は、野球選手になることで大金持ちにはなれないことが、最初から分かっている」ということだと思います。似たようなことは、将棋指《しょうぎさ》し（棋士）等でも言えるでしょう。将棋指しには、今、有名な人（藤井聡太《ふじいそうた》氏）もいるので、「中学生あたりからプロになって……」というようなことを考える人もいるでしょう。しかし、そうは言っても、中学生でプロになれるような人というのは、いまだに五人しかいないわけです。

おそらく、将棋人口そのものは、少なくとも百万人はいると思われるので、そんなに簡単にプロにはなれません。もう、なれない人が大部分で、おそらく、プロになれる確率は、「一パーセント」と言わず、今の銀行の預金金利より低いぐらいのパーセンテージで、一万人に一人もなれないものだろうと思います。

とはいえ、才能がある人がいることは確実ですから、「自分には、そういう才能がある」と思った人は、それで勝負してもよいでしょう。ただし、途中《とちゅう》で才能がないことが分かってしまった場合は、「将棋を指しすぎて、学歴もなく、職にも就《つ》けず」ということで、引きこもりのようになるパターンもあると思います。したがって、そのあたりの見切りは大事です。

芸能人として成功するために必要なものとは

ほかにも、歌や音楽、踊《おど》りのプロ、あるいは、俳優業等もあります。一般《いっぱん》には、俳優等になれば、大金持ちになれるのかなと思う人は多いでしょう。例えば、高級店等に行っても、「女優さんが来た」とか、「スポーツ選手が買いに来た」とかいう自慢話《じまんばなし》がすぐに出ます。そういう意味では、スポーツ選手や俳優、タレント業だと、お金持ちになれるものだと思っている人は多いですし、そのような幻想《げんそう》はあると思います。

しかし、そういう人は、ごく一部、氷山《ひょうざん》の一角《いっかく》で、「大多数は、鵜飼《うか》いの鵜のように、紐付《ひもつ》きで魚を獲《と》らされて、鮎《あゆ》をカプッと呑《の》み込《こ》んだら手繰《たぐ》り寄せられ、鵜匠《うしょう》に吐《は》かされては、また放される」という感じなのです。要するに、生きていくための最小限のものは食べさせてもらえるものの、あとは「取られる側」になるわけです。

そのため、「テレビの連続ドラマに出ているから、さぞ、大金持ちになっているのだろうな」と思ったら、「月五万円で働いていた」などという人が出てきて、「ええっ！」と驚《おどろ》くようなこともあります。そうなると、普通《ふつう》のアルバイトよりも、ずっと安いお金になるわけですが、そういうこともあって厳しいのです。

そうした激しい競争があるからこそ、そのなかで生き残った人のなかには、数億円も、十億、二十億円も稼《かせ》げる人が出てくるのだと思います。とはいえ、確率的には、かなり厳しいものがあるでしょう。

その意味では、個人的に素質があり、継続《けいぞく》して努力するだけの気概《きがい》があって、「どうしても成功したい」と思うのであれば、成功できる可能性はあるとは思います。各人には、いろいろな才能があるので、それをよく見て、「自分にその才能がある」と思うなら、それに賭《か》けてみるのも一つの道ではあるでしょう。

「才能」とは、周りの人が認めてくれなければ駄目《だめ》なもの

ただ、どの道も、世間《せけん》からうらやまれるようなレベルまで行くとなると、なかなか難しく、万に一つも行かないのが普通だろうと思います。

例えば、私の叔父《おじ》あたりの年齢《ねんれい》の人たち、明治から大正生まれぐらいの人たちのなかには、戦後の若いころに、「小説家になって一山《ひとやま》当てたい」というようなことを夢見ていた人は多かったのです。

そのため、二十代のころには、「小説を書いて吉川英治《よしかわえいじ》のようになれば、大金

持ちになれるのではないか」と思って、みな、アルバイトで食いつなぎながらトライしました。しかし、「三十歳《さい》ぐらいには諦《あきら》める」というようなことが多かったのです。

おそらく、今もまた、違うかたちでそういうことをやっている人はいるでしょう。いつの時代も、夢多き青春時代には、みな一攫千金《いっかくせんきん》を狙《ねら》うのです。しかし、なかなか、そうはいかないことが多いわけです。

やはり、才能というのは、自分だけ「ある」と思っていても、周りの人が認めてくれなければ駄目《だめ》なものなのです。

自分自身で、客観的に自己を見つめ、「どのくらいやれば、どの程度、達成できるのか」「どのくらい〝石油〟が埋蔵《まいぞう》されているのか」ということが分かるのであれば、一定の深さまで掘《ほ》り進めば、〝石油〟が出てくるのは確実です。

ところが、そういった、「〝石油〟が埋蔵されているかどうか」ということは、自分ではなかなか分からないのです。

5　バブリーな体質が会社を潰《つぶ》す

会社員にも当てはまる「八割・二割の法則」

こうしたこともあって、大多数の人は「宮仕《みやづか》え」というかたちになります。要するに、「会社勤め等をして、大勢で働いて、自分が商売で儲《もう》からなくても、ほかの人が儲けてくれれば、それを均《なら》すことで給料は出るようになる」といったかたちの経営をやっているわけです。

私も、若いころにそういう経験をしました。

私が勤めていた総合商社には、商品別に本部が二十ほどあり、時代によって「花形《はながた》」が変わっていました。

戦後まもないころだと、繊維《せんい》や石炭、鉄鋼などは非常に儲かったので、こういう部門は鼻高々でやっていたのですが、時代とともに、その内容もだんだん変わっていきました。化学品になったり、精密機械になったり、お金などを運用して儲けたりと、いろいろと変わっていったのです。

あるいは、木材などが儲かった時代もありましたが、南洋材を伐採《ばっさい》しすぎて洪水《こうずい》などが起き、世界的に非難が起きてくると、木材で儲かっていた部門がだんだん斜陽《しゃよう》化して、赤字になるようなこともありました。

そのように、「どこかで黒字の部門があれば、ほかで赤字の部門があっても、会社全体としては食べていけて、何とか給料が出る。縮小されたり拡大されたりしながら、定年までは何とかいられる」というような仕事をしていたようには思います。会社では、全員が稼《かせ》げるというわけではないからです。

これについては、「八割・二割の法則」「パレートの法則」というものがあって、

「だいたい、二割の人が八割を稼ぎ出す。残りの八割の人は、二割ぐらいしか稼げない」と言われています。

この法則は、自然界にも当てはまるようです。

私は、小学校のとき、夏休みの研究発表のために、一度、「アリの観察」をしたことがありました。

当時は、そこまで思い至らなかったので、「パレートの法則」まで行きませんでしたが、アリについても、「働きアリのうち、二割は一生懸命《いっしょうけんめい》に、砂糖などのいろいろな餌《えさ》を運んだりして、よく働くが、あとの八割は、途中《とちゅう》でブラブラしたり、遊んだりしながら働いている」などとされ、この法則が当てはまるというのです。アリの巣の研究をした当時は、それについて確認するところまではできていませんが、そのように言われています。

さらに、よく働くアリばかりを集めるとどうなるかというと、やはり、「二割がよく働いて、八割は怠《なま》け始める」というのです。そして、「組織になると、法則的に必ずそのようになってくる」と言われてはいます。難しいものです。みんなが目いっぱい働かなくても食べていけるのならば、そこまでやらない人が増えてくるということでしょうか。

確かに、会社では、他人《ひと》の二倍働いたら、二倍給料が出るかというと、そんなことはありません。他人の二倍働いたと思ったら、「給料が千円増えていただけ」とか、「二千円増えていただけ」とか、「ボーナスが一万円多かっただけ」とかいう程度のものです。「他人の二倍働いて、年収が一万円増える」というぐらいではバカバカしいので、やはり、「残りの八割」に入りたくなるほうに引っ張られる気持ちが常にあることは事実だと思います。

「バブル時代の産物」であった商社の経営

私は、かつて、そういうところで働いていたのですが、今は、「幸福の科学」をつくって活動をしています。

本章では、「ミリオネイア発想法」という題で述べていますが、「億万長者《おくまんちょうじゃ》になる方法を語る資格があるか」というと、個人としては、すでに三十年も前にミリオネイアの経験をしていますから、その資格はあると思うのです。

幸福の科学は企業《きぎょう》ではないので、同じようにはいかないと思いますが、もし、私が松下幸之助《まつしたこうのすけ》さんのような起業家だった場合は、創業のときから持っている株などがガーッと値上がりしていくので、おそらく、私も個人で数千億円もの資産を持っているかたちになるだろうと思います。

しかし、宗教なので、そのようにはなりません。宗教活動の原資《げんし》として持っているものはありますが、個人には帰属《きぞく》していないので、同じようには言えないでしょう。

ただ、事業的に見て、「成功する方法」「どのようにしたら成功するか」ということ自体は、私自身は知っているので、それを教えることはできると思っています。

商社時代について考えてみると、私が勤めていた商社は、確かに、「バブル時代の産物」といえばそうだったかなとは思うのです。売上だけはバカでかいのですが、最終損益を見たら、最終利益は、「これは本当なのか」というほどの薄《うす》さでした。何兆円もの売上があるのに、決算を見ていくと、二十億円ぐらいの利益しか出ていないのです。

普通《ふつう》の人は、「それでも利益が出ているから、よいではないか」と思うかもしれません。

しかし、財務担当者が見れば、「この利益は何によって出ているのか」が分かります。それは、「有価証券売却益《ばいきゃくえき》」などで出していたのです。「有価証券を売って利益が出ている」ということは、「実質の商売では、赤字が出ている」ということを意味します。

要するに、「無配」というわけにはいかないので、有価証券を売って、いちおう利益は出していたのです。

本業以外のところで株を少しやっていた私の叔父《おじ》が、「商社株は〝寝《ね》たきり株〟といって、買ったって、上がりも下がりもしないんだ」ということを言っていましたが、「なるほど。そういうことか」と思いました。今述べたように、それほど儲からないので、最終の利益としてはそうなるわけです。

ただ、その理由はよく分かりました。やはり、いい格好《かっこう》をするからです。全体的な感じとして、〝ええ格好しい〟で、華《はな》やかで、バブリーではありました。

例えば、二十数年前、一九九〇年か九一年ぐらいのころですが、私は、後輩《こうはい》に、「年収は幾《いく》らなんだ」と訊《き》いたことがあります。すると、彼は、「年収は一千万円ぐらいです」と答えました。

さらに、「仕事は何をしているの？」と尋《たず》ねると、「電子機器部門に入ったのですが、今はヘリコプター部門に回されています」と言いました。それを聞いた私は、「ヘリコプターを売っているのか。じゃあ、売ったら、すごい利益が出るんだろうな」と言うと、後輩は、「ええ、売れたら出ますね」と返してきたので、「それで、どのくらい実績を出しているんだ」と訊くと、「今年は一台も売れていません」と答えたのです。

ヘリコプターを一台も売らない人に、一千万円の給料を払《はら》ったら、会社が赤字になるのは当然でしょう。その一千万円を誰《だれ》かが負担しなければいけないわけですから、「ほかの部門で、こまめに利益を出して、その給料を補塡《ほてん》しなければばいけない人がいる」ということですが、一台も売れなくても、給料はちゃんと出ていました。

私は、そういう会社に何年かいて仕事を学びましたが、事務的な仕事や営業的な仕事の基本はそれほど変わらないとは思いつつも、そうした、一台も売れなくても一千万円の給料が出る人がいたりして、やはり、バブリーではありました。

あるいは、本社ビルの家賃についても、財務の人間が見ればすぐに分かります。よほどお金のある会社ならば自社ビルを持っていますが、たいていの場合はレンタルです。

私がいた商社は、いい格好をしていたので、本社ビルをレンタルで借りていて、一九八〇年代の前半で、家賃として百億円も払っていたのです。

当時、私は、「うわっ、百億か。百億も払っているのか」と驚《おどろ》きましたが、「そこで仕事をしていて、ヘリコプターが一台も売れていなくても机をもらえて、一千万円の給料をもらっているような人がゴロゴロとたくさんいるんだな」と思うと、「いやあ、大変だなあ」という感じは受けていました。

「融資《ゆうし》の引き揚《あ》げ合戦」を招いた原因とは

また、当時は、銀行も発展していて、どんどん貸出を増やしていましたが、「預金を預かって、その額が大きくなれば、その範囲《はんい》内であれば貸し出せる」ということでやっていたのです。

例えば、「今年は預金が四十兆円あったのが、来年は四十五兆円になる」とか、「五十兆円になる」とかいうように、預金が増えていくのであれば、今年、四十兆円を貸し出しても、潰《つぶ》れることはないでしょう。四十五兆円を貸し出しても、その翌年に五十兆円の預金が集まるのであれば、潰れないわけです。

このように、銀行まで、〝自転車操業《そうぎょう》〟風に、「自己資産はなくても、預金が集まれば貸出をしていても潰れない」といったやり方でやっていました。

そして、商社のほうは、何兆円ものお金を銀行から借りていたのです。商社の収入としては、「口銭《こうせん》」というものがあり、簡単に言えば、「取り扱《あつか》い手数料」のようなものですが、それは、平均すると三パーセントぐらいでした。例えば、「百億円の商《あきな》いをやって、三億円ぐらいの利益が出る」というのが平均だったのです。

ただ、同じ仕事はほかの商社でもできるので、だんだん厳しくなっていき、一・五パーセントぐらいにまで縮んでいくような圧力はありました。

それでも、銀行がお金を貸してくれるかぎりは、それを回転させて、続けていくことはできます。要は、「お金を貸し続けてくれているかぎりは潰れない」という状態です。

また、国や、当時の大蔵省《おおくらしょう》（現・財務省）は、「銀行を絶対に潰さない」という方針を持っていたからまだよかったのですが、一九九〇年代には、「大きすぎて潰せないものはない」という言葉が流行《はや》り始めたり、「グローバルスタンダード（世界標準）」といったことが言われ始めたりしました。

これは、アメリカの作戦であり、「自己資本比率が八パーセント以上なければ融資《ゆうし》ができない」というようなこと（ＢＩＳ《ビス》基準）を言い出したわけですが、当時、日本の銀行は自己資本比率が平均で四パーセントぐらいしかなかったので、お金が貸し出せず、融資を引き揚《あ》げなければいけなくなり、「融資の引き揚げ合戦」が始まったのです。

それ以前は、融資額を増やしたら、優秀《ゆうしゅう》行員ということで、給料もボーナスも増えていたのが、今度は、「（融資を）幾ら引き揚げたか」がノルマ目標になって、よく引き揚げた者が優秀行員ということになって、「引き揚げ合戦」になっていきました。

これは大変なことでしょう。

それまでは、「たくさんお金を借りていた会社が潰れると、銀行のほうも潰れてしまうので、銀行のほうは貸し込《こ》むしかなく、会社は潰れない」と言われていましたし、商社の財務なども、「大きすぎるから潰れない」と思っていました。

つまり、銀行は、大口融資先の会社が潰れそうになったら、もっと貸し込むしかなかったわけです。例えば、「一千億円を貸している会社が潰れそうになったら、一千二百億円でも、一千五百億円でも貸し込まなければいけない。その会社が潰れて、不良債権《さいけん》になったら、銀行も潰れてしまう」ということで、「借金が大きければ大きいほど力になる」という考えが当時はありました。

ところが、一九九〇年代に、この考えがいったん潰れたわけです。

6　失ってはならない伝統的な価値観

会社を潰《つぶ》さないために必要なのは、お金だけではない

今でも、ソフトバンクのようなところは、十五兆円か、十六兆円か、それ以上かもしれませんが、それほどの借金をしながら、「さらに、ほかの会社に買収をかけて、そこの株価を上げることで会社の資産を増やし、さらにまた借金をして、買って……」といった感じで大きくやっています。そのように、今でも、バブル期のころのようなことをやっている会社もあるのです。

ただ、こういったやり方は、経営者がカリスマで、天才的な才覚を持っていればいけるでしょうけれども、経営者が代われば、潰《つぶ》れる可能性がある経営方法だ

と思います。

このように、「資金が回転さえしていれば潰れない」という考えも昔はあったのですが、一九九〇年代に潰れる経験をしましたし、二〇〇〇年代に入っても、そういう会社が潰れる傾向《けいこう》は増えていきました。

例えば、ホリエモン（堀江貴文《ほりえたかふみ》氏）の会社（ライブドア）も、「一兆円を集めるぞ」と言って、もうすぐ七千七百七十七億円が集まるというような感じのときに、〝ガサ入れ（家宅捜索《そうさく》）〟が入り、いろいろ捕《つか》まったりして、潰れていっています。

ですから、これについては、もう一つ別の観点があって、「お金さえあれば潰れないと思っていても、倫理《りんり》の観点から入って潰れるものもある」ということです。

このあたりも忘れがちであるので、気をつけたいところでしょう。

今、個人で、インターネットを使って儲《もう》けようとしている人や、株等で儲けようとしている人など、いろいろな人がいるとは思いますが、理系思考や技術思考になりすぎると、「やっていいこと、悪いこと」が分からなくなることもあるのです。

道徳の勉強をサボっているために、そういうことが分からない人が増えてきていますし、もちろん、宗教も薄《うす》れてきていて分からない人が多いので、気をつけなければいけません。

例えば、麻薬《まやく》、覚醒剤《かくせいざい》等の販売《はんばい》も、ネットでは、できないことはないでしょう。ずばりその名前を使わずに、隠語《いんご》を使って売買はできるわけですから、見つかるまでの間は儲けられるはずです。隠語を使って、何であるかが分からないようにして売りさばいて、警察に捕まる前に〝とんずらする〟というやり方で儲けることもあるかもしれません。

しかし、そういう不法なものに手を出していると、だんだん、やられるようになるでしょう。

それから、昔は「援助交際《えんじょこうさい》」といわれていたようなものを、今では「パパ活」などともいうようです。女子高生や女子大生などが、「アルバイトしてお金を稼《かせ》ぐのも面倒《めんどう》くさい。お金を持っている中年男性から引き出すのが便利だ」ということで、お父さん世代の人の話し相手になってあげるとか、一人でいろいろなところへ行くのは寂《さみ》しいだろうから付き合ってあげるとかいった感じのことをするそうです。

内容にいろいろレベルはあるようですが、いわゆる援助交際であれば、すぐ警察に捕まるところを、そうではないようなかたちにしながら、実質上、それと同じぐらいの収入をあげるといったアルバイトも、ネットを使って行われているとのことです。

郵便はがき

料金受取人払郵便

赤坂局承認

5565

差出有効期間
2020年6月
30日まで
(切手不要)

1 0 7 - 8 7 9 0

112

東京都港区赤坂2丁目10−14
幸福の科学出版(株)
愛読者アンケート係 行

ご購読ありがとうございました。お手数ですが、今回ご購読いただいた書籍名をご記入ください。

書籍名

フリガナ お名前	男・女	歳
ご住所 〒 都道府県		
お電話( ) −		
e-mail アドレス		
ご職業 ①会社員 ②会社役員 ③経営者 ④公務員 ⑤教員・研究者 ⑥自営業 ⑦主婦 ⑧学生 ⑨パート・アルバイト ⑩他( )		
今後、弊社の新刊案内などをお送りしてもよろしいですか? (はい・いいえ)		

愛読者プレゼント☆アンケート

ご購読ありがとうございました。今後の参考とさせていただきますので、下記の質問にお答えください。抽選で幸福の科学出版の書籍・雑誌をプレゼント致します。(発表は発送をもってかえさせていただきます)

1 本書をどのようにお知りになりましたか?

①新聞広告を見て [新聞名:]
②ネット広告を見て [ウェブサイト名:]
③書店で見て　④ネット書店で見て　⑤幸福の科学出版のウェブサイト
⑥人に勧められて　⑦幸福の科学の小冊子　⑧月刊「ザ・リバティ」
⑨月刊「アー・ユー・ハッピー?」　⑩ラジオ番組「天使のモーニングコール」
⑪その他 ( )

2 本書をお読みになったご感想をお書きください。

3 今後読みたいテーマなどがありましたら、お書きください。

ご感想を匿名にて広告等に掲載させていただくことがございます。ご記入いただきました個人情報については、同意なく他の目的で使用することはございません。

ご協力ありがとうございました。

こういったものは、捜査網《もう》が縮まってくれば、いずれ、いろいろ捕まってくるようにはなるはずです。

そのように、今はいけていても、いずれ駄目《だめ》になるものはあるので、やはり、根本《こんぽん》に倫理観や道徳観を持っていなければいけません。「うまい話は長くは続かないものだ」ということは知っておいてください。

「今、流行《はや》っているから、今、みんながやっているから、いける」と思っても、そうではないのだということです。

教育があって、仕事ができるようになる

基本的には、やはり、「正攻法《せいこうほう》」、「王道でリッチになれる方法」を目指していったほうがよいでしょう。個人的にリッチになったら、それこそ、政府が望むように消費も増えますし、消費されると、いろいろな会社の収入や雇用《こよう》、それか

ら税収も増え、国の財政赤字も消えてよくなるとは思うので、なるべく、「王道、正攻法で稼いでいく」ことを考えたらよいと思います。

この基本的な考え方を組織に応用した場合は、「いろいろな人たちがチームワークを組んでやれるような、モラルのある組織をつくらなければいけない」という部分がついてきますが、個人としての成功法則は、そのまま「リーダー学」、「リーダーとしての成功学」につながっていきますし、たいていは「社長学」にもつながっていくものなのではないかと思うのです。ですから、基本は同じでしょう。

貧しい国で働いている人たちが豊かになるためには、基本的には、日本で言う義務教育のようなものをもう少しキチッと整備し、あるいは高等教育を提供できるようにしていって、後進国、貧しい国にはないような、進んだ国の職業に就《つ》けるようにしてあげなければいけません。また、工業や商業をやるにしても、やはり、計算等もできなければいけませんから、算数、数学が必要になりますし、それ以外の知識も要《い》るようになります。

ですから、「教育があって、仕事ができるようになる」ということも、当然あるだろうとは思うのです。

そうした、義務教育から高等教育を整備するのは、国の仕事でもあるでしょう。ただ、それ以外に、冒頭《ぼうとう》で述べたようなインフラとしての電気等が賄《まかな》えるようになるには、国や公共団体、あるいは半官半民の会社などが、もう少し大きな規模でのインフラ整備を頑張《がんば》らないと、なかなかできません。

今は、電気がなければできない仕事はたくさんあります。あるいは、農業をするにしても、砂漠《さばく》を緑地に変えていくのなら、一定の技術レベルや知識は必要です。やはり、学問は要るわけです。

したがって、まずは、明治維新《いしん》以降に起きたような「学問の近代化」をし、それを広めるということは、一つの考え方だろうと思います。これは、後《おく》れている国にとっては大事な考え方でしょう。

「昔からつながっている伝統的な価値観」を失ってはならない

ただ、これだけでは駄目なことも事実です。学問が〝技術のみ〟を求めて唯《ゆい》物《ぶつ》化すると、人間としての「倫理観」や「道徳観」が薄れてきたり、あるいは、「宗教的概念《がいねん》」も薄れてきたりします。これが、逆にマイナスに働いてくることになるわけです。

犯罪まがいの仕事をする人が増えてきて、治安が乱れていくこともありますし、「あの世はない」と思い始めたら、先祖供養《くよう》もしなくなります。また、先祖供養をしなくなる前に、まず、親孝行をしなくなってくるのです。

親孝行をしなくなると、家も継《つ》いでくれなくなってくるので、家を建てる必要もなくなってきますし、「老人ホームに入る分のお金だけあればよい」などということになってきます。すると、今度は、「子育てをする必要があるのか」という話になり、その次には「子供を産む必要があるのか」という話になってきて、だんだん、「男女共に働いて、自分たちがエンジョイでき、老後の資金さえあればよい」というような考えになってくると、国が成熟期を超《こ》えて、下《くだ》っていき始めるわけです。

このように、個人個人はよくても、全体としては下っていくようなこともあります。

したがって、昔からつながっている伝統的な価値観のようなものは、ある程度持っていないといけませんし、それらをすべて失い、唯物的にこの世的なものだけに絞《しぼ》っていくと、残念ながら、外れていくものもあるのではないでしょうか。

今、経済発展しているところでも、ここが、これから明暗が分かれてくるところになるのではないかと思います。

唯物論的な考えのみになり、人間機械論的な考えになってくると、要するに、昔から説かれているような、「正直者であること」や「誠実であること」「親孝行であること」「ご先祖様を敬《うやま》うこと」「その上にある神仏を尊敬すること」などというものは、すべて無意味になってしまうわけです。それよりは、「家のなかがもう少し便利になったほうがよい」ということになり、いずれは、「家事用のロボットなどが入ったほうが幸福だ」といった考えだけに支配されるようになっていくでしょう。

気をつけないと、これは、「一部の宇宙人がグレイ●を使っている」と言われているのと同じように、人間である必要がなくなってきます。支配者階級は人間のほうがよいかもしれませんが、あとはグレイのような同じ顔をしたサイボーグばかりでも用は足せるし、コンビニやファミレスなどであれば、グレイが働いてい

●**グレイ**　宇宙人のタイプの一つであり、多数の目撃報告がある。身長は1メートル20センチぐらいと小柄で細身。頭部は巨大で、黒曜石《こくようせき》のような色をした大きな目を持つ。なお、グレイは、「サイボーグの一種」であることが明らかになっている。『ザ・コンタクト』『グレイの正体に迫る』（共に幸福の科学出版刊）等参照。

ても別に構わないのではないかと思えるわけです。

そして、「人間様は、グレイに働かせて儲けていればよい」と思っていると、そちらの世界もだんだん発展していき、人工知能のほうが人間の知能を超え始めて、今度は逆に、ＡＩによって人間が家畜《かちく》化されるといったことも、ないとは言えません。将棋《しょうぎ》や囲碁《いご》などでは、すでにＡＩのほうが勝ち始めてきていますから、これはとても危ないことだと思います。

あるいは、語学を教えるにしても、だんだん、人間ではなく機械が教えるような方法も、一生懸命《いっしょうけんめい》に練習され始めているのです。

7　その仕事は「真《しん》・善《ぜん》・美《び》」につながっているか

未来においても価値を失わない「真・善・美」

したがって、今、忘れてはならないことは、「伝統的な価値観のなかで守らなければならないものもある。すべてを技術的な発展だけに絞《しぼ》り込《こ》んでいってはいけないものがある」ということです。

別の言葉でこれを言い換《か》えると、昔から言われる「真《しん》・善《ぜん》・美《び》」です。これは、いまだに価値を失ってもいなければ、未来においても価値を失わないものなのです。

ですから、新しい産業を起こす、新しい仕事をしていくという場合には、その仕事が「真・善・美」のどれかにつながっているかどうかの確認は要《い》ります。そして、それが本当の真理につながっているものであれば、価値を生むことになるでしょう。

まず、「真」について考えてみましょう。

例えば、高等数学で言えば、ある数学の考え方において、「ほかの惑星《わくせい》に文明を持った生命体がいるとしても、やはり、同じような結論に達するだろう」と思われるものを探究しているなら、それは、おそらく必要なものであるでしょう。

あるいは、ダイヤモンドにしても、本物のダイヤモンドもあれば、圧力をかけてつくれる偽《にせ》ダイヤもあります。要するに、石炭をダイヤモンドに変えるような技術もあって、こういうものでも、ある程度のマーケットはあるので、あまり一《いち》概《がい》には言えませんし、そうしたものでも、ある程度、食べてはいけますが、一定以上溢《あふ》れ出したら、今度は値打ちがなくなってくるものもあるでしょう。なぜなら、「真実」ではないからです。

それから、「善」のところです。

もし、その仕事が悪のもとになっているようなものであれば、つまり、先ほど述べたような、麻薬《まやく》や覚醒剤《かくせいざい》、あるいは、人類が存続していく上でマイナスになるような考え方が流行《はや》っていくようなものであれば、これもまた違《ちが》います。

例えば、包丁《ほうちょう》などの刃物《はもの》ができたりすることは、料理をする上では明らかな進化でしょう。ただ、何もない時代に比べれば進化であるものの、この刃物が人を殺すことに使われると、これは悪に転じかねないわけです。

つまり、「善悪」を知らないまま、刃物をつくって儲《もう》かったとしても、その刃物が何に使われたのかを問われたときに、「今は包丁で人を殺すのが流行っているので、そちらのほうで売上をあげています」などと言うのであれば、これには賛成できないでしょう。

そうしたこともあるので、善悪のところは知らなければいけないのです。

そして、「美」、「美しさ」です。

これは、「美や調和といったものに貢献《こうけん》しているかどうか」ということです。一時的に流行っていたとしても、本来の美から離《はな》れているようなものであれば、いずれ廃《すた》れる、あるいは捨てられるものになるでしょう。

このように、「自分のしている仕事、あるいは、これからつくっていこうとする仕事は『真・善・美』につながっているかどうか」ということを考えなければいけないと思うのです。

地獄《じごく》的な作品は、かかわった者にも観《み》た者にも悪影響《あくえいきょう》を与《あた》える

映画やテレビなどでも、エンタメ（エンターテインメント）ものはたくさん流行っていますし、場合によっては、地獄《じごく》的なもの、悪魔《あくま》的なものでもヒットする

ことはあります。

ただ、そういうことは実際にあるものの、必ず因果応報《いんがおうほう》が働くので、悪いものをたくさんつくって供給したら、時間差はあるかもしれませんが、必ず跳《は》ね返ってくるものです。

例えば、子供向けに、子供の精神を害するような悪いものを、「エンタメ」と称《しょう》してたくさんつくって観《み》せたりしていたら、その子供が大人になったときに、正常な大人にならず、悪い行為《こうい》や犯罪的な行為、地獄的な行為を当然のことだと思うようになることもあります。

そうすると、そういう仕事をして「お金を儲けた」と思っても、その人は、実際には「社会悪をつくり出した」ということになり、結果的には、社会は堕落《だらく》し、本人も、死後、よい世界には還《かえ》れないというようなこともあるのです。

それから、殺人事件のようなものでも、エンタメとして観ることができるものもあります。

テレビのスペシャルドラマでも、松本清張《まつもとせいちょう》原作のものを流すことがあります。本人が亡《な》くなってかなりたつので、だいぶ古くなりましたが、たいていミステリーと推理、サスペンスのようなものが入った殺人事件など、人殺しを取り扱《あつか》ったものが多いのです。

確かに、松本清張の作品をドラマ化して、二時間スペシャルなどでかけると、失敗することはほとんどなく、視聴率《しちょうりつ》は必ず取れます。彼はそれだけよく勉強もしているし、研究もしてはいるのでしょう。ただ、内容はたいてい「殺人」なのです。

したがって、面白《おもしろ》いことは面白いのですけれども、その世界にズボッと入っていくと、やはり、倫理《りんり》感覚が麻痺《まひ》してきたりするようなことがあるため、宗教的なものなどで〝解毒剤《げどくざい》〟をかけておかなければいけません。そうしないと、人を殺しても何とも思わないような人や、「より残忍《ざんにん》な殺し方をしているものが、もっと進んだ映画やドラマや小説なのだ」と思う人などが増えてき始めて、これもまた、非常に残念な世界になってしまいます。「ただ殺すだけでは面白くないので、もっと怖《こわ》がらせて殺す」というようなものもあるわけです。

また、例えば、霊界《れいかい》を描《えが》くにしても、やはり、「神や仏、天使、菩薩《ぼさつ》たちが、霊界をきちんと治めていて、そのなかで、失敗した人や、間違った方向に行った人たちを立ち直らせようと思って努力している」というのが、真実の霊界の思想ではあります。

しかし、これに関しても、逆に、「地獄のほうで、いかに悪魔が力を持っていて、それが広がっていくことが面白いか」といった感じのマンガやアニメがあるわけです。ＣＧを使えば、そんなものはいくらでもつくれる時代になっているのですが、そうした悪魔の世界を実在化し、広める仕事をあまりしすぎると、それにかかわった人や観た人等も影響《えいきょう》を受けますし、死んだ後《のち》もそちらの世界に誘《いざな》われます。なぜなら、その人の知っている世界が、そちらの世界だからです。

殺し合いの世界や、人を食べたり人の血を飲んだり、人を拷問《ごうもん》にかけたりするといったことばかりしているような作品を、楽しいと思って観る、特に、部屋のなかに引きこもって、そういったＤＶＤばかりを観ていたら、霊的にかかってくるものは、そういう世界のものでしょう。また、そういう人が、いろいろな犯罪を犯《おか》したりするのかもしれません。

『ああ無情』や「万引き家族」に見る間違《まちが》った価値観

そこまで行かないにしても、おそらく、「社会の悪や貧困などを描きたい」という動機があったのだろうとは思いますが、例えば、映画「万引き家族」（二〇一八年公開、ギャガ）が賞などをたくさん取り、小説にもなりました。ヒットしたので、それはそれでほめられることでしょうし、ある意味では、昔の、ヴィクトル・ユーゴーによるフランスの有名な小説『ああ無情（レ・ミゼラブル）』のような世界を描きたかったのかなとも思うのです。

この小説は、貧しさゆえに、パンを一つ盗《ぬす》んでしまうような状態に追い詰《つ》められ、そのわずかな罪と脱獄《だつごく》した罪により、一生、警部に追われ続け、市長になってもその身分から逃《のが》れられないジャン・バルジャンの世界を書いたものです。

これに関しては、長女の大川咲也加《さやか》さんの著書『大川咲也加の文学のすすめ～世界文学編～（中）』（幸福の科学出版刊）にも書いてありますけれども、まさか、あの世界的な作家ユーゴーが死後、地獄にいるとは私も知らなかったので、ショックではありました。私も小学校時代に読んでいたので、数十年越《ご》しのショックではあったのですが、確かに地獄に堕《お》ちていたのです。

おそらく、ヴィクトル・ユーゴーは、「貧困」や「社会悪」を暴《あば》きたかったのでしょうが、その思想は「マルクスの思想」ともつながるのだと思うのです。

十九世紀ごろの時代は、一部の貴族階級や王様以外の人たちの多くは貧しい生活をしていましたし、マルクスが生きていたときも、炭鉱労働者などとして女子供たちまで十二時間労働をさせられているような時代でした。貧しい人は貧しくて、搾取《さくしゅ》している大地主《おおじぬし》階級は、ルンルンとキツネ狩《が》りをしているような状態だったので、「許せない」という正義感はあったのだと思います。

しかし、「神仏の裁きは、そういう人たちを地獄に送っている」ということであれば、やはり、何か間違《まちが》いがあったということでしょう。

映画「万引き家族」も、「正規では食べていけない人たち、いわくつきの人たちが、他人《たにん》同士だけれども一つの家に集まり、万引きをしながら生計を立てて、家族のようになっている」という話です。

珍《めずら》しいと言えば珍しいので、賞を受賞したりもしましたが、日本にそういうことが本当にあるのでしょうか。

確かに、この映画の題材になったものとして、年金を詐取《さしゅ》していた家庭があったらしいのですが、「他人同士が万引きをしながら生活を支え合う」というようなことは、おそらく、現実の日本にはないでしょう。

ただ、そうした映画が海外でたくさん放映され、賞も取ることによって、「日本には、このように万引きをしながら生活している人がたくさんいる。そうした貧しい社会がまだあるのだ」といった印象を海外にも発信しているようなら、多少間違っているのではないかと思います。

これに関しては、女優の樹木希林《ききききりん》さんも、出演するに当たって、「こんなことって、普通《ふつう》あるの?」「他人同士がこんなことで一緒《いっしょ》に住むって、こんな希薄《きはく》な関係でこんなことが起きるの?」というような注文をつけたそうです。それで、もう少し関連づけをしなければいけないということになり、工夫《くふう》したと言われてはいます。

ただ、カントではありませんが、その価値観が広がってよいものなら構わないけれども（格率と道徳法則）、広がったら困るものであれば、やはり、あまりヒットしてもらいたくない面もあるのです。

『この本を盗《ぬす》め』というタイトルの本は、盗んでよいのか

何かに、こういう話が書いてありました。外国で、『この本を盗《ぬす》め』というタイトルの本がヒットしたときのことです。

ある人が本屋に行ったところ、店員から「『この本を盗め』という本が売れているので、これを読んだらいいですよ。ただ、うちではなく、ほかの本屋で盗んでください。『この本を盗め』と書いてあるので、盗んでいいんですけど、ほかの本屋で盗んで読んでください」というように勧《すす》められたそうです。この書店員

●カントではありませんが……　ドイツの哲学者・カントの倫理学においては、個々人の主観的、個人的な行動原則を「格率」、客観的、普遍的な行動原則のことを「道徳法則」といい、個人の意志が普遍的な法則に適《かな》った行動にもなることを求めている。

は、少しエゴイスティックでしょう。

「この本を盗め」というのは、「本に書いてある知識を盗め。その知識を利用すれば、いろいろなことができるから」という意味なのだろうと思うのですが、文字どおり「本を書店から盗む」というのは、やはり勧められないことでしょう。

本屋は利益率が低いこともあり、たくさん潰《つぶ》れていますが、「そのうちの半分以上は、万引きによる被害《ひがい》で倒産《とうさん》に追い込まれている」とも言われているので、やはり、人の職業を潰してしまうようなことは悪いことです。ですから、そういうことはしないほうがよいのです。

「善悪を外した商売」「嘘《うそ》のある商売」は発展すべきではない

あるいは、次のようなこともありました。

幸福の科学総合本部の近所に、ある古本屋の大きい店ができたときに、見に行ったところ、地下のフロアに私の本も並んでいました。新品同然の本もあり、千五百円ぐらいの本が、定価とほとんど変わらない千三百円ぐらいで売られていたので、「これは万引きしてきた本かな。そうでなければ、献本された本をそのまま売ったのかな。どちらかだろうけど、気分が悪いな」と思ったのです。ただ、しばらくしたらその店は潰れたので、「まあ、当然であるな」と思いました。

献本された本を古本屋に売るのもあまりよくないですし、万引きするのもよくありません。また、万引きした本は〝原価ゼロ〟ですが、もし、古本屋のほうも〝原価ゼロ〟に近いと知っていて、百円や二百円で安く買い叩《たた》き、千数百円で売っていたとしたら、ものすごい利益が出るわけですけれども、そういうやり方で儲けるのもよくありません。

ですから、その古本屋は一時期は流行ったように見えましたが、万引き対策が徹底《てってい》され始めたら潰れてきています。

やはり、「善悪のところを外した商売」「嘘《うそ》のある商売」「間違っている商売」は、一時的に発展することもあるかもしれませんが、基本的には発展すべきではありません。

芸能系でも同じです。「地獄界の蔓延《まんえん》を招くようなものであれば、それはあまり望ましいことではない」ということを知ってほしいと思います。

小説やものの本でも、著者のなかには、「言論人」や「知の巨人《きょじん》」と呼ばれる人もいるかもしれませんが、書いている内容が人々を間違った方向に導いているのであれば、あまり流行らないほうが本人のためです。それを流行らせることに加担した人たちも、死後、一定の罪を問われるかもしれません。

世の中には、醜《みにく》いものを醜くないと見せるような仕事もあるかとは思いますが、そういうものを流行らせた人も、おそらく何らかの反作用は受けるだろうと思います。

したがって、「自分のやっている仕事が、普遍《ふへん》的な価値につながっているかどうか」ということを常に考えてください。

「穴場を狙《ねら》う」「流行を追う」「安売り商法」には注意が必要

普遍的な価値につながっていないものでも、前述したように隙間《すきま》産業のようなものを狙《ねら》えば、ヒットし、ものすごく流行ることはあります。確かに、他人《ひと》がやらないことをやればヒットすることもありますが、そのなかには、多くの人が「やってはいけない」と思って、やらないでいるものもあるわけです。「そういうことをやって、ぼろ儲けするのは、成功とは言えない」ということを知ってほしいと思います。

私の著書『成功の法』（幸福の科学出版刊）にも、大川咲也加作の絵本『成功者の町』（原案　大川隆法・作　大川咲也加、幸福の科学出版刊）にも、「いきなり成功者の町には入《はい》れない」という話が書かれています。

本章の「ミリオネイア発想法」は、「億万長者《おくまんちょうじゃ》になり、億万長者の世界に入り、億万長者と付き合えるようになるには、どうすればよいか」ということですが、億万長者になる前の段階として、やはり、「この世的にある程度、正当に成功していただきたい」「努力して勤勉に働き、〝あなたが収入を上げたことが、周りの人から見て当然だろうと思われる世界〟を通過して、成功していただきたい」と私は思うのです。

それを通過せず、いきなり儲けようと考えて、「ここは穴場だぞ。誰《だれ》も考えていない穴場だから、やれば当たる」というようなところに首を突《つ》っ込んでは、そういうものを探し歩くようになると、魔の虜《とりこ》になっていく可能性が極《きわ》めて高いので、気をつけていただきたいと思います。

また、今、流行っているからといって、それが必ずしも「善なるもの」とは言えないことがあります。「儲かればよい」というものでもないのです。

それから、安売り商法でも、正当に成功しているところもありますが、「安売りをして同業他社を潰し、ライバルがいなくなったら今度は値上げをして、利益を上げている」というようなところもあります。

「自分のほうが資本が大きければライバルを潰せるので、ギリギリいっぱいまで値下げをして相手を潰してしまい、潰したらまた値上げをする」というのは、いわゆる「レッド・オーシャン戦略」です。「ブルー・オーシャン戦略」ではなくて、こうした血まみれの海になるような戦い方も、度が過ぎれば地獄的なものになるので、気をつけてほしいと思います。

やはり、本当に値打ちのあるものを常に求めることが大事です。他人ができないものをつくり、それが値打ちを持っていることです。「真・善・美」にかかわる何かを持っていることです。倫理的な何かを持っていることです。神仏の願いに適《かな》う何かを持っていることです。そういう仕事を、他人よりもいっそう勤勉に働いてすることが大事なのです。

「今日一日、何か一歩を進めたか」を毎日反省せよ

さらに、そうしたもの以外にも大事なことがあります。

ベンジャミン・フランクリンもよく言っていることですが、やはり、「時間」が大事です。人間の持っている資源のなかで、いちばん貴重なものは「時間」なのです。石油だけが資源ではありません。時間が資源なのです。

人生については、今の日本人の場合、二十一世紀中には、「平均百歳《さい》まで生き延びるだろう」と言われています。

今、政府は、六十歳定年を六十五歳、七十歳、七十五歳へと引き上げていこうと努力しているところですが、「長生きすればよい」という考えを持つだけでは

●ベンジャミン・フランクリン(1706〜1790)　アメリカの政治家、外交官。フィラデルフィアにおいて印刷出版業で成功を収め、後《のち》に政界へ進出した。また、アメリカ独立宣言の起草や憲法制定などに参加。建国の父の一人として讃《たた》えられている。科学者、哲学者としても多くの功績を遺《のこ》した。

十分ではありません。百歳まで生きないとしても、やはり、幸福に長生きしていただきたいので、時間の使い方、すなわち、「自分は人生の時間を何に使っているか」ということを、常々問うていただきたいのです。

時間は一年単位でできていて、一年は月単位、月は週単位、週は一日単位でできていて、一日は二十四時間でできています。そして、一時間は六十分でできています。

したがって、まずは、毎日毎日、「今日一日をどのように過ごしたか」ということを考える習慣、振《ふ》り返る習慣をつくっていただきたいのです。そして、「今日一日、何かを一歩進めたか」ということを常に振り返る訓練をしていただきたいのです。そういう反省をしていただきたいと思います。

「今日は昨日《きのう》よりも、この部分が進歩した。一歩進んだ」ということを確認していただきたいですし、それはその一日だけで済んでよいことではなく、継続《けいぞく》していくことが大事です。そうした進歩を継続していくことが、大きな成功を必ず生むことになるのです。

時間を上手に使って、よき事柄《ことがら》を継続していくと、「千里の道も一歩から」というとおり、だんだん大きな道を歩むことができるようになっていくわけです。

それが非常に大事であると考えます。

8　自分が豊かになることで、人々を幸福にしていく

お金儲《かねもう》けがうまいタイプは、五人に一人ぐらいしかいない

それから、その過程で富を築いてきたら、自分の富を独《ひと》り占《じ》めにするのではなく、「他の人々にも分け与《あた》えていこう」という気持ちを持つことが極《きわ》めて大事です。他の人々も富んでいけばこそ、相互《そうご》に取引が大きくなり、経済が大きくなり、世の中がよくなっていくのです。

私は、幸福の科学で宗教的な教えを説いています。ただ、こうした「ミリオネイア発想法」という法、教えを説いても、素質的に見て、これを吸収できる人とできない人がいることは事実です。

大きく、アバウトに見て、「他人《ひと》よりも少しお金儲《かねもう》けがうまいタイプの人は、五人に一人ぐらい」という可能性が高いと見ています。「五人に一人ぐらいは、他人より余分にお金を儲けたり、お金が貯《た》まったりする傾向《けいこう》を持っている」というように見えるのです。

ただ、ミリオネイアまで行くとなると、率はずっと下がってきます。つまり、どこかで非凡《ひぼん》なところを出していかなければ、ミリオネイアになることは難しいわけです。

先ほど、例えば、ウォールストリートで、「一パーセントの富裕《ふゆう》層が富の半分近くを占めていて、私たちは残りの九十九パーセントだ。ウォールストリートで儲けすぎている」ということを訴《うった》えるデモがあったと述べましたが、その気持ちは分からないこともありません。もちろん、不況《ふきょう》が一気に来たら、食べていけない人が大勢出てくるので、政府にはそれを救済しなければいけない仕事もあることは事実です。

けれども、「ウォールストリートには、アメリカの頭脳も集まっているし、世界からも頭脳が集まっている」ということも確かに事実なのです。

口幅《くちはば》ったい言い方になりますが、私もそこで働いていたことがあります。四国の徳島県に生まれ、そこで小・中・高校時代を送り、大学卒業後、今はなきワールドトレードセンターのワン・ツーのうち、ワンのほうで働きましたが、「徳島県あたりから出て、二十代の半《なか》ばにウォールストリートで働ける確率はどの程度あるか」というと、実際は一万分の一ぐらいしかありません。

徳島県民は八十万人ぐらいいますが、ウォールストリートで働いている徳島県出身者は、間違《まちが》いなく八十人もいないので、「途中《とちゅう》で現れる幾《いく》つかのハードルを越《こ》えていかないかぎりは、そこまでは行けない」ということは確実なのです。

ですから、〝成功者の町〟に入るだけでも大変なのです。ただ、〝成功者の町〟

に入っても、またそのなかで勝敗や優劣《ゆうれつ》が出てくるので、そこがまた難しいところではあります。

お金は使うべきときには使い、セーブすべきときにはセーブする

私はかつて総合商社で働いていて、そこで得たノウハウや知識・経験も使って、幸福の科学をつくりました。幸福の科学を国際化したり、多様な事業を同時並行《へいこう》で進めたりしていますが、それは、総合商社で習った仕事の仕方をかなり活《い》かしているところがあるからです。

しかし、前述したように、「何兆円もの売上があって、利益はほんの少ししかない」というような仕事は、私はあまり受け入れていませんでした。

私がいた商社は、バブリーな、派手なお金の使い方をしてお金を残さず、経費が大きくなっていくところだったので、一九九〇年代のバブル潰《つぶ》しの時代、銀行

が潰れていくのと同時に経営危機が来て、現在は、つながりのあったトヨタ系の商社と合体して生き延びています。

私のいた会社がまだ順調だったころ、トヨタ自動車は車の製造はできたものの、販売《はんばい》のほうが下手《へた》で、どうやって販売すればいいか分からずにいたため、「トヨタ自販」という自動車販売会社をつくりました。このとき、トヨタには販売を知っている人がいなかったので、私のいた会社の母体である会社出身の人を社長にしたのです。それで全国販売網《もう》をつくっていきました。

トヨタは、豊田《とよた》通商という自動車関連中心の専門商社を独自につくり、海外と取引をしていました。一方、私が勤めていたところは総合商社で、いろいろなものを扱《あつか》っていました。ところが、金融《きんゆう》危機が来て銀行がどんどん潰れていったため、かなりリストラをして縮めていったのですが、最後は、この豊田通商と一体になって生き延びています。

今の豊田通商は、売上高が七兆円ぐらいで、そこそこの大きさではあるのですが、もともとは専門商社なので、「専門商社のほうに、総合商社のほうが呑《の》み込《こ》まれる」というかたちになったわけです。

「私が会社を辞《や》めていなければ、おそらく、あんな事態にはなっていないだろう」と、今も考えています。財務体質を改善する余地がそうとうあったので、私がいたならば、もう少し財務体質をよくしただろうと思うのです。

バブリーなやり方で経費を使いすぎていましたし、今、私たちが政府を批判していることと同じようなことが言えて、「宵越《よいご》しの金は持たない」というようなところもありました。いい格好《かっこう》をしていたわけです。

先輩《せんぱい》たちもみな、クレジットカードで先食いしてお金を使っていて、「月末が怖《こわ》い」という人たちばかりでした。お店で支払《しはら》うときに、「このカードはどうだ」「これはどうだ」と言って何枚もカードを試《ため》し、結局、カードが使えないというのを私は何度も目撃《もくげき》したので、先にお金を使う癖《くせ》がある人たちだったのは間違いありません。会社のほかの人たちも、だいたいそうであったと思います。

しかし、私の考えはそうではありませんでした。個人的に貯金をつくっていくタイプの人間だったのです。やはり、「お金を儲ける力」と「『要《い》らないものは要らない。無駄《むだ》なものは買わない』という力」と、両方が必要であると思うのです。

したがって、「使うべきときには使わなければいけない。消費するときには消費しなければいけない。しかし、セーブするときにはセーブしなければいけない。貯めるものは貯めなければいけない」という考え方を持っていない人で、億万長《おくまんちょう》者《じゃ》になれた人はいないのではないかと思います。

採算だけでは駄目《だめ》で、将来性を考えた上で投資をせよ

繰《く》り返し述べますが、まずは「稼《かせ》ぐ」ほう、「お金を貯める」ほうができない

ものです。これだけでも難しいのですが、お金を貯めてからあと、「お金を使う」ほうになると、お金を貯めることの三倍ぐらいの難しさがあります。

世の中、お金を貯めずに使う人、赤字で走っている人はたくさんいます。「普《ふ》通《つう》の人」、あるいは「ややできる人」で、やっと「個人的に採算が取れる」感じでしょうか。「会社の採算が取れる」という考え方ができる人は、「よくできる人」であると思います。

「やや出来の悪い人」は、個人的にも赤字になり、会社も赤字になる考え方をすぐにしてしまう人であり、放っておくと赤字になる傾向があります。したがって、この方向性を変えていかなければいけません。

そして、リーダーからトップになっていく人は、そういう遺伝子を持っていなければいけません。そうでなければ、トップには絶対になれないのです。

また、他の人たちも、教育訓練によって、「物事の大小」や、「貯めるべきときには貯め、使うべきときには使う。不要不急なものや余分なものは買わないが、将来必要になるものは買う。教育投資になるものは、投資をする。『将来、これは大きくなる』と思うものには、惜《お》しまず投資をする。年内だけで見れば赤字になるものであっても、『五年後、十年後には成長して、実りを生む』と思うような、積極的な赤字の部分を多少持っていないと、会社としては成長しなくなる」ということを知っていなければいけないのです。

単なる採算だけでは駄目《だめ》であり、将来性まで考えた上でやらなければいけませんし、金融面、銀行との付き合いその他についても考えなければいけませんし、「どういう業界が浮《う》き上がってきて、どこが沈《しず》むか」という流れも見なければいけません。どの業界も十年単位ではずっと変わってきているので、「これから先はどうなるか」も考えなければいけないのです。

ただ、資本主義の原理のようなものは、基本的には同じです。「『豊かになることで、人々を幸福にしよう』と思う人たちが正当な努力をして、神仏の心に適《かな》う方向で汗水《あせみず》を垂らしていき、そして、その方法論をほかの人に分け与えて、似たようなことができる人を増やしていくと、全体がよくなっていく」という考え方自体は同じなのです。

この考え方を突き詰《つ》めていって、そして、まだ先がある部分、将来性がある部分で努力をしていく。今は流行《はや》っていなくても、そういう努力をしていく。そうすれば、必ず実りが出てくると思います。

ミリオネイアになるには、「事業性」が必要

今は、日本の学校教育を受けただけでは、おそらく生涯《しょうがい》で家を一軒《けん》建てて、二千万円か三千万円でもお金が残ればよいぐらいでしょう。教育にお金をかけてエリートコースに行っても、そのくらいか、あるいは、全財産をはたいて有料老人

ホームのよいところに入れたらよいぐらいでしょう。そのくらいしかお金は残らないと思います。

億円単位、十億円単位、あるいは、もっとそれ以上のお金を残すかたちになるには、何らかの事業性が必要です。特別な才能を持っている人、例えば、画家で一枚一億円で売れるような絵を描《か》く人は別として、普通の人であれば、事業性でもって成功しなければ、そうはならないのです。

そして、その事業は「真《しん》・善《ぜん》・美《び》」を内に持ち、信仰心《しんこうしん》に裏打ちされた世界のほうで、物事を流行らせていかねばなりません。

さらには、そういうところで、時間を大切にして、時間効率を上げたり、時間投資を考えたりすることです。やはり、「時間が、人間の持っている究極の資源である」と考えてください。結局、彼我《ひが》の違い、自分と他人《たにん》の違いは、「持っている時間をどう使ったか」ということなのです。

この考えの延長のなかには、「健康体であること」も入っています。自分が健康であればこそ働ける部分もあるので、健康を維持《いじ》するために使う時間も必要であると考えています。

健全な方向で世界が豊かになるように願う

本章では、まず、「最近、インドでは、すべての市町村にいちおう電気が通ったらしい。しかし、世界には、十分に食べられない人、飢《う》えている人が十億人はいるだろうと言われていて、電気のない生活をしている人も十億人以上いると言われている」というところから話を始めました。

昔、私がインドに行ったときは、大きなホテルに泊《と》まっても、エレベーターで上がっていく途中に停電が起きて止まってしまうことがあり、恐怖《きょうふ》でした。すぐに電気が切れるのです。今でも、停電が起きたらディーゼル発電機で電気を起こしているので、まだまだ十分とは言えないと思います。

このように、世界には、貧富の差が非常に大きくありますけれども、「成功の方程式」はわりによく似たものです。

ですから、私が述べてきたことを、常々念頭に置きながら、「自分に与えられた仕事のなかで何ができるか」ということを考え、その方向で努力し続けたならば、必ず道は拓《ひら》けるものだと思います。

普通の人でも、学生時代にきちんと勉強すれば、億万長者までは行けなくても、家一軒と、二、三千万円ぐらいのお金は残せるでしょうが、もう一段行きたければ、本章で述べたことを考えて、努力していただきたいと思います。そうすれば、きっと道は拓けるでしょう。

何とかして、仏法真理《ぶっぽうしんり》と経済原理とを結びつけていきたいと思います。「清貧《せいひん》の思想」を説いた人が、死後、天国に還《かえ》れなかったのを見るにつけても、「昔の宗教のままであってよいわけではない」と考えています。健全な方向で世界が豊かになるように願うことが、今、地球的には、神仏の考えている願いではないかと思います。

POINT

1

現代では、「清貧の思想」だけでは天国に行けない。ハングリーだからこそ、「資本主義の精神」が生まれる場合もあるのだ。

2

世の中には、〝二匹目《ひき》のドジョウ〟で儲《もう》ける方法もあるかもしれないが、みなが乗り出すときにはピークが来始めている。見込《みこ》みには注意せよ。

3

「善悪を外した商売」「嘘《うそ》のある商売」「間違《まちが》っている商売」は、基本的に発展すべきではない。「王道」「正攻法《せいこうほう》」で稼《かせ》いでいくことを考えよ。

4
この世の楽しみや技術的な発展だけに絞《しぼ》っていくと、国全体としては下っていく。先祖供養《くよう》や親孝行など、伝統的な価値観や道徳を失ってはならない。

5
「真《しん》・善《ぜん》・美《び》」は、未来においても価値を失わない。あなたの仕事は、「真・善・美」につながっているか。

6
いちばん貴重な資源は「時間」だ。「今日一日、何かを一歩進めたか」を常に振《ふ》り返る訓練をせよ。

7
富を独《ひと》り占《じ》めするのではなく、「他の人々にも分け与《あた》えていこう」という気持ちを持とう。他の人々も富んでこそ、世の中はよくなっていくのだ。

第2章

お金持ちマインド

―正しい見通し、真面目《まじめ》な努力、異質結合―

二〇一六年三月四日　説法《せっぽう》　幸福の科学 特別説法堂にて

1　生き残り術としての「お金持ちマインド」

どんな環境《かんきょう》下でも、成功して大儲《おおもう》けする人はいる

今、世間《せけん》を見渡《みわた》すと、何となく、また不況《ふきょう》の影《かげ》が忍《しの》び寄ってきているような感じがし始めています。消費不況あたりから、怪《あや》しい経済的な動きを感じています。また、日銀の「マイナス金利」等も始まりましたが、これについても見方はいろいろあるでしょう。日本としても初めての経験に近いので、今後どうなるのか不安に思っている方は、経済界や、その他、一般《いっぱん》の方々まで含《ふく》めて数多くいるのではないかと思います。

それを理論的に説明してもよいのですが、今回は、手触《てざわ》り感というものをもう

少し大事にしながら、ある意味での生き残り術として、「お金持ちマインド」というものを、いち早く述べておきたいと思います。

何か一つでも二つでもヒントを得られたら、十分な成果になるのではないでしょうか。そういうことで、私としては、さまざまなことについてお話ししていこうと考えています。

最初に、大きな観点で述べると、政府の政策等がうまくいったり、国際的な環《かん》境《きょう》のなかで日本の経済がうまくいったりするなど、そうした追い風が吹《ふ》くことで、社業や個人でやっている仕事などが順調で、収入も多く、うまくいくということも、もちろんあるでしょう。

それは、まことにありがたいことであり、それに越《こ》したことはないと思います。ただ、それだけに頼《たよ》ってお金持ちになる人は、それほど多くないのではないかと思います。

景気には循環《じゅんかん》があり、上がり下がりがありますし、ときには、そうした循環の範囲《はんい》を超《こ》えた大きなものが来ることもあります。大震災《だいしんさい》のようなものが来たり、戦争が始まったり、あるいは、外国で起きた大恐慌《だいきょうこう》のようなものが波及《はきゅう》してきたりすることもあります。

そのように、いろいろな環境がありますが、言えることは、いつの時代にも、事業に失敗したり仕事に失敗したりして、経済的に苦境にある人もいれば、どんな環境下においてもそれをチャンスにして大儲《おおもう》けしたり、新しい事業の発展のスプリングボードに変えたりする人もいるということは事実なのです。

そのあたりを、よく見極《みきわ》めていかなければならないのではないかと考えます。

日本の富豪《ふごう》たちの危《あや》うい会社経営

今回のテーマである「お金持ち」に関してザッと見渡してみると、最近の「世界の富豪《ふごう》ランキング」で、一位は、三年連続でビル・ゲイツ氏でした。

それも、何兆円という兆単位の財産なので、一般の人から見れば、はるかに霞《かす》んでいるかもしれません。ここまで来ると、彼は生涯《しょうがい》、乞食《こじき》をするようなことはおそらくないでしょう。彼は賢《かしこ》かったと言わざるをえません。頭のよさを「経済マインド」に切り替《か》えることができて、おそらく〝逃《に》げ切った〟のだと思われます。

彼の会社自体は、大きくなりすぎたため、独占《どくせん》禁止法に引っ掛《か》かり、分割《ぶんかつ》を命じられたりして、連邦《れんぽう》政府と対立するようなこともあり、外国との軋轢《あつれき》を生むようなこともあり、政治的な危機はたくさんあったとは思いますが、それを乗り越えて、「個人としてのお金持ち」という意味では、成功したと言えるでしょう。

ビル・ゲイツ氏のほかにも、アメリカには長者《ちょうじゃ》が多く、そうしたニュービジネス系から大を成して大金持ちになった人は数知れずいます。

●三年連続で……　説法当時。その後、2017年で、ビル・ゲイツ氏は４年連続１位となった。

ランキングの何十位かまでを見ると、日本人でも、ファーストリテイリングの柳井正《やないただし》氏や、ソフトバンクの孫正義《そんまさよし》氏などの名前が挙《あ》がっているので、個人資産としてはかなり持っておられるようです。

ただ、ユニクロを展開しているファーストリテイリングの経営の仕方や、孫正義氏のものすごい借金先行型の経営の仕方などを見ると、「大金持ちが、いつ一文無《いちもんな》しになるか分からないな」という感じを私は受けています。彼らの老後が安泰《あんたい》であるかどうかは、今のところ何とも言えません。

そういうファーストリテイリング系の「安いものを大量に売ることによって、会社も成長し、個人も儲かる」というやり方自体は、ほかのところでもやれないことはないので、多少まねはできます。あとは、「外国でつくると安い」という経済的なプラスの面が減っていったとき、どのようになるかです。要するに、外国の政治変動や経済的な不安定、あるいは賃金の上昇《じょうしょう》等があったときに、「はたしてどうなのか」という問題は、やはり、まだ持っているので、棺桶《かんおけ》の蓋《ふた》が閉《と》じるまでは分かりません。

孫正義氏のところも、〝恐怖《きょうふ》の借金〟を重ねながら全体を大きくしていくというやり方、要するに、M＆Aを重ねながら会社を大きくしていき、「借金が大きければ、かえって強い」という感じの経営をしています。

私も商社時代には、銀行から兆の単位のお金を借りていたので、「借金も、大きくなったら、それで大きな事業を起こせて、さらにそれを回転させていくことで日本経済の一角を占《し》めることができ、『これだけ大きければ潰《つぶ》せないだろう』と思うぐらいまで自惚《うぬぼ》れるようになる」というのは、経験的には分かっているのです。

ただ、たとえ数兆円とか十兆円とかを超えるような経営規模になっていたとしても、何らかのきっかけで崩《くず》れることはあるのだということは、知っておいたほうがよいと思います。

銀行も商社も「右肩上《みぎかた》がり」の歯車が狂《くる》うと潰《つぶ》れる

昔は、都市銀行も二十行ぐらいありましたが、私は二十年以上前に、「都市銀行は、統廃合《とうはいごう》されて三、四行になるだろう」ということを言っていました。一九九〇年代前半に、すでに言っていたと思いますが、実際、九〇年代の後半以降、かなり統廃合されて、今、メジャーな銀行は三、四行になっています。

かつて、二十行ぐらい都市銀行があったときには、まさか〝潰《つぶ》れる〟とは誰《だれ》も思っていなかったので、みな安心して銀行に就職していましたが、私は〝潰れる〟と見ていました。

結局、大企業《だいきぎょう》も銀行から大量にお金を借りていますが、銀行自体も、「個人から大量の預金を預かり、それを貸し付けて利ざやを稼《かせ》ぐ」という〝自転車操業《そうぎょう》〟

をずっとやっているので、そのサイクルが崩れたときには潰れるということです。

融資《ゆうし》先の持っている土地の価値など、そういう担保《たんぽ》価値が下がったときには不良債権《さいけん》になるため、融資を引き揚《あ》げる作業が九〇年代からザーッと起きました。

その結果はどうかというと、銀行は預金をたくさん預かっていたので、預金をしている人には利子を付けなければなりませんが、もし貸付先がなければ、銀行は利子だけを払《はら》って自分のほうには儲けがないことになるわけです。これでは、あっという間に経営が成り立たなくなります。いわば、自転車の前輪が回らなくなって走れなくなったような状態なので、危なくなるのです。

商社なども、銀行からお金を借りて商売をしているので、銀行がお金を引き揚げ始めたら、あっという間に商売が回らなくなって潰れます。要するに、借金に基《もと》づいた商売においては、「支払う利子の分以上の利益が出れば、回っていく」という信用経済でやれている場合はよいけれども、「元本《がんぽん》のほう、借金の本体のほうを返せ」と言われたときには潰れる傾向《けいこう》があるのです。

全体的に「右肩《みぎかた》上がり」で発展していくような状況が保証されているときはよいのですが、その歯車が狂《くる》ったときには、次々と潰れ始めるわけです。金融機関であろうと、商社であろうと、いろいろなメーカーであろうと潰れ始めます。九〇年代後半から、そういうことを実体験されたのではないかと思います。

したがって、「ファーストリテイリング型」も「ソフトバンク型」も、私は予断を許さないと思っています。

今、生き残っているのは「勝ち組」のほうなのでしょうが、その勝利の原動力になっているものが逆転してマイナスになると、それが「マンモスの牙《きば》」のようになって、生き残れなくなる可能性はあると思います。

ただ、ビル・ゲイツ氏は、もう、ほぼ〝逃げ切った〟と見ているので、生き延びるでしょう。彼は本業で稼ぎ、そのあと、財団までつくって世界中で福祉《ふくし》事業を始めているので、これはもう「上がり」でしょう。稼いだお金を還元《かんげん》している状況なので、もう「負け」はあまりないと推定されます。

しかし、今述べた日本の企業のほうは、まだ分からない感じがしています。

2 「マイナス金利の時代」をどう生きるか

「金利が安ければお金を借りる」とは限らない

二〇一六年から、日銀では「マイナス金利」がとうとう始まり、「マイナス〇・一パーセント」ということになりました。

これまでは、銀行が日本銀行に預金をしたら、〇・一パーセントぐらいのプラスの金利が付いていたので、余資があれば、つまり資金が余っていたら、それを日銀に預けておくことで、少しは利息が付いて返ってきていました。しかし、今は、金利がマイナス〇・一パーセントになっています。これは、預けると手数料を取られるということであり、預けたら目減《めべ》りして損をするわけなので、銀行はその資金を自分で持って何かに使うことを考えなければいけません。

政府としては、株などへの投資に回してほしいですし、そうでなければ、一般《いっぱん》の人たちがお金を借りて設備投資をしたり、住宅ローンをどんどん借りたりなど、「お金を使うほうに走ってほしい」ということで、そちらのほうに誘導《ゆうどう》しているようです。

ただ、これにはポイントがもう一つあります。住宅を建てるにしても、金利が安いのはよいことであり、金利が高くて七パーセントや八パーセント、あるいは十パーセントを超《こ》えるような場合には、「二十年ローン」といっても、実際に返す額は、借りたときの二倍にも三倍にもなっている場合もありえたので、それに比べれば、限りなく低くなっていると言えます。

もちろん、銀行から一般への貸付金利がマイナスになることはなく、必ずプラス金利で幾《いく》らかは利益を稼《かせ》ぐようになっているとは思います。それでも、金利が低くなっているのは間違《まちが》いなく、特に今は限りなく低くなってきているので、非常に借りやすい状況《じょうきょう》にはなっています。

ただ、金利が安ければお金を借りるかというと、借りる側からすれば、「元本《がんぽん》を返さなければならない」という問題があります。

例えば、一億円の家を建てるのに、銀行から一億円を借りるとして、その利子が限りなく小さかったとしても、やはり、元本を返さなければいけないわけです。「昔では考えられないぐらい利子が安いから、昔に比べれば得だ」という判断は働きますが、それは、元本を返さなくてもよくて、利子だけを払《はら》うのなら楽なのです。「二十年間かけて利子の部分だけを払えばいい」というなら楽ですが、「元本の一億円のほうを返してくれ」と言われるのであれば、「その一億円分の収入はどうするのか」という問題は、やはり出てきます。

「マイナス金利政策」と「サブプライムローン」の共通点

二〇〇八年ごろ、アメリカで「サブプライムローン問題」というものが起きましたが、これは要するに、「金融《きんゆう》工学を駆使《くし》して、複雑に組み合わせれば、実際は収入がなくても家が持てる」という〝うまい考え方〟だったのです。それを使えば、「お金持ちと同じように、郊外《こうがい》に一戸《こ》建ての家を買える」ということでした。

例えば、家を買う代金として使えるお金が一千万円ぐらいしかない人でも、三千万円の家が買えるということだったのです。債務《さいむ》の部分を細《こま》かく散らして、分からないようにうまく組み合わせて債券化していけば、いったいどの部分が負債になっているかが、結局、分からなくなってしまい、要するに「借金が見えなくなってしまう」といった金融工学を使っていました。

ノーベル経済学賞を取れるぐらい頭のいい人たちが、そういう金融商品を考え出してつくったために、「貧乏人《びんぼうにん》でも持ち家が持てる」という政策が流行《はや》ったわけです。

しかし、基本的に、個人個人の負債はごまかすことはできても、マクロの目で全体的に見ると、「実際は自分の収入で家を持てるはずのない人が、家を持てる」というのは、理論的に考えて絶対におかしいのです。国全体で考えれば、ここに何か、ブラックホールに吸い込《こ》まれているような部分があるわけで、必ず、「負の遺産」が生じるはずです。

案《あん》の定《じょう》、そこには数多くの〝ごまかし〟がありました。結局、「ねずみ講」のように、「次の人、その次の人へと先送りしているうちに、自分にはお金が入ってくるだけで、損は一切《いっさい》ありません」というような話でしたが、人口は無限に増えるわけではないので、次の人へ回していくうちに、だんだん回す先がなくなってきて、しぼんでくるわけです。そうすると、どこかで必ず限界が来ます。その限界が来たときには、全部のピラミッドが崩《くず》れるということです。

例えば、最初に始めた人が一千万円ぐらい持っていたとして、「この一千万円を大きくしたい」と考え、十人の人に百万円ずつ貸すとします。「あなたがたに百万円ずつ貸してあげよう。いい話だろう？　本来なら、この百万円は、あとで返さなければいけないはずだけれども、これをもとに、君たちが、それぞれまた二人の人を見つけて百万円ずつ預かることができたら、君らはその二百万円のうちから百万円を親元に返せばいい。だから、君らは百万円がタダで儲《もう》かるんですよ。次の人も同じことを繰《く》り返すんです」というような話です。

しかし、それをやっていくと、だんだん裾野《すその》が広がらなくなるので、どこかで必ず崩壊《ほうかい》するシステムなのです。タダでお金が儲かるような話は絶対におかしいので、どこかで崩壊します。

それと似たようなことが、複雑な金融操作によって起きたわけですが、日本の「マイナス金利政策」にも、それとやや似たところがあります。もともとマイナス金利は、銀行が日銀に預けたときのものですが、とうとう三菱《みつびし》系の銀行あたりでは、一般の預金者に対して「実質上のマイナス金利」が発生し始めるようです。口座手数料を取ることによって、実際上、個人でも企業《きぎょう》でも、「銀行にお金を預けると損をする」というケースが出てくるわけです。

要するに、「宵越《よいご》しの金は持つな」という〝江戸《えど》っ子気質〟の経済に変えようと、政府がしているということです。

マイナス金利とは、「お金を集めると罰金《ばっきん》がかかる」ということ

銀行がそれを始めたということは、何を意味するのでしょうか。これは、実は、「銀行が成り立たなくなる考え方」なのです。

●三菱系の銀行あたりでは……　説法当時、三菱東京UFJ銀行は、口座維持手数料の導入を検討した結果、実施には至らなかったが、他の銀行では口座維持手数料を導入したケースがある。

そもそも、「資本を集めて、それを貸し出せば、利子を生んで返ってきて、資本がもっと大きくなり、また貸すことができて、さらに大きくなる。これを繰り返して、だんだん全体の経済が大きくなってきた」というのが、資本主義の歴史なのです。

私は、マイナス金利について、「資本主義の精神が傷ついた」という言い方をよくしているのですが、これだと、資本主義に対する信頼《しんらい》はなくなるでしょう。お金を預けたら目減《めべ》りするわけですから、お金を預ける人はいなくなります。

要するに、マイナス金利というのは、お金を集めることに対して、基本的に罰金《ばっきん》がかかっているのと同じ考え方なのです。「お金を集めて儲けた人には、罰金がかかりますよ。そうではなくて、借金過多で、お金を使ってしまった人のほうが、事実上、得をしますよ」という感じに近い誘導の仕方なのです。

これは、倫理性《りんりせい》から見れば、先ほど述べた、「家を建てるお金がなくても、全

●資本主義の精神が……　『現代の正義論』（幸福の科学出版刊）参照。

部あなたのものになりますよ」という、詐欺《さぎ》まがいの住宅ローンを勧《すす》めているような感じにやや似ている部分はあります。

そうすると、「マイナス金利の時代なのだから、どんどんお金を借りて、要《い》らないものでも買って持っていれば、そのうちまた、景気がよくなるかもしれないし、そのときは大儲けですよ」というような商売が絶対に流行り始めます。そういう詐欺的なものがものすごく流行るはずで、いずれ、サブプライムローンの変化形として、何らかの経済危機が起きる可能性は極《きわ》めて高いと思います。

もっとも、それより前に、銀行がなくなる可能性も出てきています。お金を預けたらマイナスになり、損をする銀行など要りません。それなら、鉄の金庫でも買って、自分で金庫のなかに入れておいたほうがよほどいいので、銀行は要らなくなります。

そして、銀行が危なくなると、銀行から大口の融資を受けているところもみな危なくなるので、経済政策が失敗すれば、大きなドミノ倒《だお》し型というか、将棋《しょうぎ》倒し型で経済の「負の連鎖《れんさ》」が起き、ある意味での経済恐慌《きょうこう》が起きる可能性もなくはありません。

ただ、打つ手がないわけではないので、完全にそうなるとは言えませんが、その可能性はあります。マイナス金利を、一時的な〝カンフル剤《ざい》〟として使っているだけならば、そこまでは行かないでしょうが、もし、これが恒常《こうじょう》的なものになってきた場合、産業の構造自体が壊《こわ》れる可能性が高いのです。

安倍《あべ》政権のほうは、国民が使わずに隠《かく》し込んでいるお金、要するに、タンス預金や、銀行に預けたままにしているお金を、できれば株などのほうに回させたいのだろうとは思います。「株を買わせて、株価をつり上げることで好景気に見せて、賑《にぎ》わっているように見せたい」「景気がよくなったと見せて、選挙対策にしたい」ということでしょう。

いちばんの願いは、ここにあるのだろうと思いますし、ついでに、国債の利払いが減るので、「政府の借金が目減りするというプラスもあって一石二鳥《いっせきにちょう》」と考えていると思います。「政府の借金が目減りして、どんどん減っていく。さらには、国民が株を買ってくれて、景気がよくなったように見え、アベノミクスが成功したように見える。このように、一石二鳥でうまくいくのではないか」と、おそらく考えているのではないでしょうか。

株価は金融《きんゆう》操作だけでは上がらない

ただ、問題は、現実に「株価」というものに対する理解ができているかどうかです。

株価というのは、「会社の値打ち」を「発行している株式の総数」で割ったものです。例えば、単純化して言うと、今の業績から見て一億円で売れる会社があったとして、その株式が一株百万円だとすると、百株発行すればよいわけです。

では、そうした金融《きんゆう》操作によって、一株百万円の株価が上がるかどうかです。株価が上がるためには、会社の値段が上がらなければなりません。一億円から、一億五千万円とか二億円とかに上がれば、株価も百五十万円とか二百万円とかに上がってもよいわけですが、会社の値打ちが上がらなければ株価は上がらないのです。

なかには、将来を見越して投機的に売り買いをする人もいるかもしれませんが、通常の平凡《へいぼん》な経済的感覚を持った人から見れば、「先行き、会社の値段が上がる」ということは、「景気がよくなる」ということを意味します。

売上が増え、会社の利益が出て、「将来、発展する」と見たら、会社の値段が上がるので、その株を買えば儲かります。株価が上がって、百万円で買った株が百五十万円になったら、それを売れば五十万円の儲けになるので、個人は株を買います。

そのように、株を買う人が増えれば、人気が出るので株価が上がり始めますが、逆に、株を売る人が増えたら、人気がなくなって株価が百万円からもっと下に下がっていきます。そういう原理なのです。

ですから、基本的に、会社の値打ちが上がっていかなければ、株価は上がりません。それを、資金をだぶつかせて一生懸命《いっしょうけんめい》に株価を上げようとしているわけですが、将来、その会社が傾《かたむ》いたり、潰《つぶ》れたりするかもしれないという状況のなかで、「お金が余っているから」という理由で株を買う人がいるかどうかです。

「今、お金が余っていて、一億円を持っているから、百万円の株を百株買える」といっても、現金で持っているよりも株を買うことを選ぶかどうかです。

やはり、その会社が将来潰れる、あるいは売上が縮小すると見たら、損をするので買わないでしょう。たとえマイナス〇・一パーセントのマイナス金利になったとしても、現金で持っているほうがよいわけです。そのため、株を買わせようとしても、実際上は買いません。

そのあたりが、今、アベノミクスの苦しんでいるところであり、〝アホノミクス〟などと言われ始めた理由でもあります。

要するに、「実際に会社の値打ちが上がらなければ、株価は上がらない」ということであり、会社の値打ちが上がるということは、「将来性がある」ということです。発展の余地がなければ、株価は上がらないのです。

株に関しては、いわゆる投機筋《すじ》が売ったり買ったりしているだけではなく、一般の人たちは、そのようにきちんと見ています。したがって、日本の景気が将来的によくなっていくのでなければ、株価が上がり続けるということはありえないのです。

アベノミクスは、この部分で失敗しているわけです。

消費税増税で「恐慌《きょうこう》」の危機が来る可能性もある

日本の経済構造は、六十パーセントぐらいが消費経済なのですが、今、日本経済が低迷《ていめい》している理由は、消費税によって消費が落ち込んでいるからです。消費税導入以後、現実に、ずっと落ち込んでいるのです。

にもかかわらず、「消費税率を、さらにもう一回上げる」と言っているわけです。

これは、先行き、もっと景気が落ち込んでいくことが見えます。今後、消費が活発化するかといえば、増税前の駆《か》け込み需要《じゅよう》で買うものも少しはあるでしょうが、全体的に見れば、やはり先行きはスローダウンしていって、売上が落ちていくと、だいたい考えられます。

このように考えると、アベノミクスの限界は、もうはっきりと出てきています。

●消費税率を……　その後、2019年10月に、消費税率は8パーセントから10パーセントに引き上げられた。

政策転換《てんかん》をするかもしれないので、断定的には言えませんが、残念ながら、現在の政府の方針では、プラスの方向には行かない可能性が高く、場合によっては、アメリカのサブプライムローンが破綻《はたん》して恐慌《きょうこう》が起きかかったのと同じようなことになる可能性もあります。政策を間違えれば、そうなる可能性はあるでしょう。

消費税率を引き上げる前は、消費景気が回復しないまま、最後にちょっとした駆け込み需要が生じます。「八パーセントの消費税率が十パーセントに上がってから買うと、少し損をする。増税前に買ってしまえば、消費税を十パーセントも払わなくて済む」ということで、住宅等においては駆け込み需要が発生するのです。

それを見て、「景気がよくなった」と判断し、予定どおり消費税率を上げると、そのあと、かなりの崩壊が起きるだろうと思います。

今は、消費増税見送りの余地がまだある段階です（説法《せっぽう》当時）。幸福実現党も消費増税には反対しているので、今後どのようになるか、注目したいと思います。

大きなマクロでの経済、政府がつくっているほうの経済は、全体主義的な社会主義経済になってきつつあるので、「一人の間違い」で全部が引っ繰り返るところまで来ているかもしれません。

ある意味では、安倍首相は〝金正恩《キムジョンウン》の経済学〟と変わらないことをやっている可能性があるのではないかと思います。市場が十分に機能していないのです。

「それを動かせる」と思っているところと、「日銀が銀行をすべて誘導すれば産業界は動く」と思っているところに、安倍首相の間違いがあります。

基本的には、企業の自助努力によって発展できる余地がなければいけません。そうした自由性の担保《たんぽ》が要りますし、企業人たちの自助努力も必要なのです。

3　お金持ちになるための考え方

金利が低くても、今は「投機的なもの」に手を出すべきではない

まだ今後、政策転換《てんかん》の余地は残っていますが、そういう状況《じょうきょう》のなかで、「みなさんがお金持ちになれるかどうか」ということの前に、今、「貧乏人《びんぼうにん》にならないための方法」とは何でしょうか。

まず、「今は投機的なものに手を出すべきではない」ということは明らかに分かります。今は「投機的なもの」に手を出してはいけません。

「金利が低いから」といって、必要のない土地や建物をたくさん買ったりして不動産投資をし、「十年後など、将来、景気がよくなったときに売り抜《ぬ》けば儲《もう》か

る」と考えるのは危険です。そういう話に引っ掛《か》からないほうがよいでしょう。

株価については、ときどき週刊誌が、「急に上がるかもしれない」というような記事を載《の》せますが、そういう記事をわざと書くこともあるのです。「今、株を買えば、半年後や一年後には株価が急騰《きゅうとう》して、ぼろ儲けをする」というようなことを書かれたら、衝動《しょうどう》買いをする人もいると思いますが、遊び金は別として、投機性のあることにあまり大量のお金を使ってはいけません。

お金持ちにはならないにしても、少なくとも「貧乏父さん」や「貧乏母さん」にならないためには、投機的なことはやめるべきです。

もちろん、経済活動において、どうしても必要なものについては、それを買ったり使ったりするべきだとは思います。お金だけを持っているよりも、必要なものをきちんと買ったりしたほうがよいでしょう。

例えば、「自分の会社の工場は狭《せま》くなってきており、もう少し大きくしないと今後の生産に支障が出る」というような場合など、必要があるものについては、当然、買ったりするべきだと思います。

しかし、投機筋《すじ》の投機的な考え方に従うのは、今はあまりよろしくないのです。元本《がんぽん》が○・一パーセント目減《めべ》りをしても、お金を持っているほうが、元本そのものがなくなるよりは有利です。

それを最初に申し上げておきたいと思います。

「日本が何十年か前に経験したこと」を今経験している中国と韓国《かんこく》

それから、「お金儲けができるようになるには、どうすればよいか」ということですが、それは時代にもよります。「安定した職業に就《つ》いていればよい」という考えの時代もありましたし、「成長している産業に就職すればよい」という考えの時代もありました。いろいろな時代があって、それを人々は経験しているのですが、これからの時代の動向を読まなければならないでしょう。

今、中国の南部や韓国《かんこく》では、日本以上に学歴信仰《しんこう》が強く、受験熱があります。韓国にも塾《じゅく》がものすごく多くて、日本以上の塾社会です。

この背景にあるのは、「よい学歴を身につければ就職に有利であり、将来、収入もよくて得をする」という考え方です。

日本も、一九七〇年代や八〇年代は、そのような感じだったと思います。今では、中国や韓国で学歴の値打ちが高く、入試の倍率もすごく高いのです。学歴がよいことを誇《ほこ》らしく思い、アメリカに留学までして箔《はく》を付ける人も数多くいます。これは、日本も過去に経験したことではあると思います。

ただ、経済が発展する可能性のある場合には、それでもよいのですが、残念ながら、そうではなくなってきた場合、少し考え方が変わってくるのではないかと思います。

例えば、中国では人口が多いため、大学の数が足りず、入試の倍率がとても高くなっています。北京《ペキン》大学や清華《せいか》大学へ入ることは、人口比からいくと、ものすごく難しくて、下手《へた》をしたら百倍ぐらいの倍率になってしまいます。そのため、合格した人は、極《きわ》めて頭のよい天才のように見え、あとは〝出世街道《かいどう》〟を走れます。

勉強ができると、内部的にはエリートになって、お金が儲かります。また、道徳的にも尊敬されるので、これは、ある意味では理想的なことです。日本にも、そういう時代はありました。

今、中国では、そのような感じになっていると思います。しかし、いずれ、いろいろなところで「バブル破裂《はれつ》型」のことが起きて、考え方は変わってくると思います。

また、「ものすごい高倍率で、入るのが難しい大学だ」と言われていても、日本からは、中国の大学にほとんど留学しません。その理由は分かっています。それは、「教えている内容が日本国内の大学よりも劣《おと》っているから、そこで学んだところで出世の条件にはならないし、何かを生み出すこともできない」ということです。唯一《ゆいいつ》の利点は、「中国で仕事を得る場合には、役に立つこともあるかもしれない」ということぐらいです。

韓国に関しても、同じようなところはあるでしょう。「日本が何十年か前に経験したこと」を、彼らは今、経験しているのですが、現在の日本はその先を経験しています。

すでに日本は、「学歴を得たり資格を取ったりすれば、そのあとは安定して、上流階級やお金持ち階級になれて、家族もみなハッピーになれる」という時代ではなくなってきています。そうかといって、アメリカほどには、一代で大成功できるようなところまで流動性が高くはない社会です。

日本人は、流動性はそれほど高くないけれども、安定性はもう少しあるというか、「貧富の差」はやや少ない社会に生きています。

「自由になるお金」がいちばん多いのは中小企業《きぎょう》の社長

お金持ちになった人のうち、「自由になるお金」がいちばん多いのは、どういう人でしょうか。

平均収入で考えれば、いわゆる大企業《だいきぎょう》に勤めているサラリーマンのほうが、中小企業の社員よりも高いのは事実です。

しかし、いちばん小金《こがね》を使えるというか、自由にお金を使えるのは、中小企業を自分でつくり上げたオーナー社長です。社員数が百人ぐらいから五百人ぐらいまでの会社のオーナー社長は、よい車に乗っていますし、使えるお金もすごく多いのです。しかも、彼らには、それを倫理《りんり》的にあまり批判されないところもあります。

ところが、大企業の社長になると、小さいことまで細々《こまごま》と言われます。「領収書があるかどうか」というようなことまで、いちいち言われるのです。

中小企業の社長だと、そんなことは言われず、「公《こう》」も「私《し》」もあまり区別がつかないあたりでやっています。ゴルフをしても、飲み食いをしても、「これは仕事のために必要なのだ」と言って、みな公費にしてしまったりします。

一方、ＮＨＫの会長あたりになると、ゴルフに行く際に、秘書がタクシーやハイヤーを準備しただけでも、「これは公か私か」という感じで、「ツケを回したのではないか」と追及《ついきゅう》されたりします。

会社が大きくなると、そのようなことになって非常に難しいのですが、中小企業あたりだと、「小金持ち」や「中金持ち」ぐらいにいちばんなりやすくて、使えるお金は多いのです。そういうことは言えると思います。また、会社のお金を自由に使える人も多いのです。

大企業の場合は、〝嫉妬《しっと》社会〟にもなっており、平等化の圧力も強いので、社長であっても交代要員がいくらでもいます。

社長ができる人は、副社長や専務、常務のあたりにゾロゾロとたくさんいるので、たとえ、ゴルフをしているときに社長が雷《かみなり》に打たれて死んだとしても、別に構わないのです。翌日、「副社長が昇格《しょうかく》するか、専務が昇格するか、常務が昇格するか」ということを話し合って決めれば、それでよくて、そのなかの誰《だれ》が社長の椅子《いす》に座《すわ》っても務まるのです。

大企業の場合には、そのようになっているので、社長が急死したりしても困らないわけです。

そういう意味では、社長であっても付加価値があまりないため、個人としての自由な裁量の幅《はば》はあまりなく、金正恩《キムジョンウン》氏のようには振《ふ》る舞《ま》えないかたちになっています。

ですから、大企業へ入り、出世すれば、「中の上」から「上の下」ぐらいのリッチ感を味わえることはあるかもしれませんが、自由に使えるお金は必ずしも多くないのです。自分で事業をつくって、社長あたりになる人たちのほうが、自由に使えるお金を多く持っています。

創業者は中小企業《きぎょう》でも大企業でも「ハイリスク・ハイリターン」

ただし、自分で事業をつくり、先ほど述べたような大会社をつくった人であれば、これは、億万長者《おくまんちょうじゃ》ではなくて、兆の単位の長者になるので桁違《けたちが》いです。

個人財産が何兆円もある人になると、はっきり言って、個人的にはアメリカの大統領よりも、ある意味で権力があるかもしれません。「アフリカにまで、いろいろな援助《えんじょ》をできるぐらいの力がある」ということなので、おそらく、一国のトップを超《こ》えている力をお持ちでしょう。

アメリカの大統領には、年に四千万円（四十万ドル）ぐらいの給与《きゅうよ》収入がありますが、大統領になるためには、何百億円もの資金を、いろいろな人の支援によって集め、選挙戦に勝たなくてはいけません。しかし、大統領になったあとにもらえるのは、だいたい年に四十万ドルぐらいなのです。

これは、アメリカの会社で言うと、副社長、すなわち、社内にたくさんいるバイスプレジデントの年収の二倍ぐらいです。名誉《めいよ》と権力はあるけれども、経済的にはペイしない感じになります。

それに対して、事業を起こして成功した場合には、経済的な自由の度合いなどは大きいと言えます。

しかし、失敗した場合には、本当に、一家離散《りさん》や夜逃《よに》げ、自殺などに陥《おちい》る危機もあります。中小企業《きぎょう》の創業者であろうと、一代で大企業をつくった人であろうと、失敗した場合には犯罪人扱《あつか》いになるので、「ハイリスク・ハイリターン」である点では同じかと思います。

いずれにしても、事業で成功した人の収入は、やはり、いちばん多いだろうと思うのです。

個人的な才能が一定のレベルを超《こ》えると、お金持ちになる可能性が高い

それ以外で収入が多いのは、個人的な「タレント（才能）」を活《い》かして成功した人です。

例えば、絵なら絵で超《ちょう》一流まで行き、毎年、何億円も収入を得る人もいれば、バット一本で何億円も稼《かせ》ぐ人もいます。ボクシングでそうなる人もいますし、歌手、あるいはタレントには、コマーシャルに出るだけで何億円もの収入を得る人もいます。

ベストセラーを出す作家もそうです。今は粒《つぶ》が小さくなっていて、簡単にはベストセラーは出ないのですが、それでも、いちおう作家が大金持ちになる場合もあります。

私は宗教家であって作家ではないのですが、物書きの人たちから見れば、私は、おそらく、油田のようなものを掘《ほ》り当てて、下からいくらでも油が出てくるような感じに見えているだろうと思います。

「あいつは、何も努力していないのに、下から油が噴《ふ》き、上に火がついて燃えているような状態だから、ずるいな。われわれは、取材費等をたくさん使い、取材して書いていているのに」などと思われて、嫉妬されているのではないかと思います。

そういう意味では、事業で成功した場合や、個人的なタレントで何か一定のレベルを超《こ》えた場合には、お金持ちになる可能性が高いのです。

経済的に「上」の段階に入るために、人生前半で必要なこと

総じて、次のようなことが言えるのではないかと思います。

平均以上の成功をなして、ある程度お金をつくるには、学校の勉強で実績をあげるなり、尊敬される職業に就くなり、既存《きそん》の枠《わく》のなかで社会的に認められるような、何らかの「アチーブメント（成果）」が大事です。人生の比較《ひかく》的前半のほうでは、ある程度、「アチーブメント」「到達《とうたつ》度」を見られるところがあると思うのです。

「上・中・下」のうち、経済的に「上」の段階に入るには、そのための努力が、二十《はたち》歳前後から遅《おそ》くとも三十歳《さい》ぐらいまでの間に必要だと思います。それによって、そこから先が違ってくるわけです。

一生懸命《いっしょうけんめい》に勉強して秀才《しゅうさい》になり、見た目もそれほど悪くない人が、例えばテレ

ビ局に入り、順調に上がっていったら、平均的には年収が一千数百万円にはなります。あるいは、大手の新聞社に入っても、一千数百万円の年収になるぐらいまでの成功はありえます。そのくらいにはなれるのです。

また、役人になっても、「天下《あまくだ》り」を二回ぐらいやれば、退職金も含《ふく》めて、普通《ふつう》のサラリーマンより収入が多くなることもありうるので、前半の努力が報《むく》いられるところがあります。

人生の前半では、そういう戦いのほうが多いのではないかと思います。そのように、一般《いっぱん》的な努力や真面目《まじめ》さのようなものが報いられる面は多いと思うのです。

4　未来を切り拓《ひら》く「異質なものの結合」

ニーズに応《こた》える努力をする「秀才型《しゅうさいがた》」と、別の道を行く「天才型」

ただ、〝もう一段大きな成功〟になってくると、やはり、タレントというか、才能の部分も必要になるので、実際には、「真面目《まじめ》に努力した秀才《しゅうさい》」というような〝遺伝子〟の部分に、「人間としての面白《おもしろ》み」のようなものが掛《か》け合わさってこなくてはなりません。そうでないと、ほかの人よりも、もう一段大きなスケールでの成功はないような気がします。それは希少価値《きしょうかち》なのです。

まず、ほかの人たちと一緒《いっしょ》に真面目に競争して、少しでも上に行ければ、「上・中・下」の「上」のレベルに入れないことはありません。ただ、もう一段の大きな成功をしたいのであれば、真面目に努力し、やるべきことをきちんとやれるだけでは足りません。才能、能力を持ち、それ以外にも、天性のものであるかもしれませんが、人間として「面白い考え方」「ユニークな考え方」ができなくてはいけないのです。

単なる秀才ではなく、「企画力《きかくりょく》」や「アイデア力」「着想力」のある人、あるいは、ほかの人が今までやらなかったようなことをやるだけの「勇気」と「行動力」のある人、それから、「チャレンジ精神」のあるような人が、新たなパイオニアになっていきます。そういう人であれば、事業家になっていったり、新しい仕事の道をつくっていったりすることができるわけです。

地道な努力をする「秀才型」であれば、世間《せけん》にあるものを見てニーズを発見し、そのニーズを埋《う》めるべく努力していけば、事業は成功していき、出世もしていくのですが、「天才型」になってくると、現にあるニーズを考えるだけではないのです。

例えば、昔は石炭で列車が走っていましたが、だんだん、それがディーゼルカーになってきました。それから、もう少し快適な快速電車などが走り、次に新幹線が走って、さらにはリニアモーターカーになろうとしています。これは、ある程度、順当に上がってくるかたちのものであり、ニーズのあることが、はっきり見えています。

そのニーズに応《こた》えるべく努力し、それを埋めていくこと、すなわち、「だんだん速度を上げ、揺《ゆ》れを少なくし、お客様の快適さを上げていく」ということをすれば、それは、おそらく、収入にも跳《は》ね返ってくる努力になると思います。

しかし、これとはまったく違《ちが》った思考をする人たちは、別の道を行くことになるでしょう。

例えば、日本には、まだまだプライベートジェットはあまり存在していませんし、それを使う人も少ないです。使ったとしても、空港を使用しなくてはいけないため、けっこう面倒《めんどう》くさい状態です。

しかも、下手《へた》に使うと、税務署や検察に睨《にら》まれ、税務調査などをされて、引っ掛けられたりすることもあります。日本は嫉妬《しっと》社会なので、難しいところがあるのです。

プライベートジェットに関しては、もう少し便利になり、自宅の屋上からでも飛べるぐらいになったりしたら、全然違ってきて、時間当たりの稼《かせ》ぎがかなり変わってくるでしょう。

そのように、〝少し違った考え方〟をしていく人が、未来を拓《ひら》いていくのではないかと思います。

例えば、アメリカでは昔、駅馬車が全盛だった時代には、多くの人々が、「鉄道を敷《し》くのはバカげている」と批判していました。鉄道を敷いたら、輸送量が増大して、経済が巨大《きょだい》になることを想像できなかったわけです。

このように、今あるニーズを発見してそれを満たすために努力するよりも、「ニーズそのものがないところに、新しいものをつくって、ニーズをつくり出す」と、新たに大きな事業ができてくるのです。

ニュービジネスには、もともと、そういうところがあります。「まさか、そんなニーズがあると思っていなかった」というところにニーズをつくり出すことができてしまうと、「みなが一斉《いっせい》に使い始める」ということが起きるわけです。これをできた人が、いちばん儲《もう》けるタイプの人になります。

究極のお金持ちは「工場のないメーカー」をつくった人

それから、究極のお金持ち型というのは、「一倉定《いちくらさだむ》の経営学」にも書いてありますが、工場のないメーカーのようなものをつくった人です。「最後は、こういう人がいちばん安全で、かつ儲かる」と言われています。

「『装置産業風に、最初に設備投資をして大量にお金を使ったあと、成功するかどうか分からないリスクを乗り越《こ》えて成功する』というのが普通《ふつう》ではあるけれども、工場のないメーカー、要するに、アイデアだけで食べていけるところが、いちばん失敗が少ないし、利益も出る」という言い方はあるのです。

スピルバーグに見る「異質なものの結合」

そこに至るには、まだまだ道があるでしょう。

そのためには、基本的に、「異質なものの結合型のイノベーション」、すなわち、「誰《だれ》も考えなかったようなものをくっつけていくこと」が大事ではないかと思います。

ここで、スピルバーグの例を挙げてみましょう。

私は、スピルバーグのいろいろな仕事を見ていますが、極端《きょくたん》な言い方をすると、彼は「恐怖《きょうふ》をお金に変えている」と言えます。

映画「ジョーズ」（一九七五年公開、ＣＩＣ）では、サメが出てきて、人の脚《あし》に噛《か》みつくシーンなどが出てきますが、そういうことは、昔からあった恐怖ではあります。夏に海水浴場が始まるときは、〝海開きの恐怖〟のようなものが少しありますけれども、彼は、それを大々的に取り上げることによって、恐怖産業をお金に変えた男なのです。

また、「ポルターガイスト」（ＣＩＣ）という映画もそうです。これは、スピルバーグが一九八二年に製作した映画で、リメイク版が二〇一五年にほかの監督《かんとく》によってつくられています。

この「ポルターガイスト」は、製作費が約一千万ドルで、売上は約七千五百万ドルと言われています。今の日本円に換算《かんさん》すると、十億円余りでつくり、八十億円ぐらい儲けたことになります。原価の約七倍の利益をあげているので、まるで錬金術師《れんきんじゅつし》です。

恐怖映画でそんなに儲けたという話はあまり聞いたことがないので、やはりすごいと思います。

ただ、内容は、映画「E.T.」（一九八二年公開、UIP）と〝ほとんど同じ〟です。宇宙人が出てくるべきところを、ポルターガイストに変えているだけなのです。しかし、普通のポルターガイストものに比べると、非常に変わったつくり方をしているので、傑作《けっさく》と言われているわけです。

あるいは、映画「ジュラシック・パーク」（一九九三年公開、UIP）や「ジュラシック・ワールド」（二〇一五年公開、東宝東和）もそうで、〝恐竜《きょうりゅう》を出すだけ〟です。

恐竜を現代に甦《よみがえ》らせるというのは、夢のようなことですし、サイエンス・フィクションにすれば、それなりに面白さはあるでしょう。彼は、それに恐怖を組み合わせて、マーケットをものすごく巨大化させているわけです。映画「ジュラシック・ワールド」も、原価の十倍ぐらい儲けていて、それはすごいことでしょう。

本来、恐怖からは逃《に》げたいものなのに、みな、その恐怖から逃げられないというか、恐怖に引きつけられて、お金をたくさん払《はら》っているという状況《じょうきょう》が起きているわけです。ある意味で、〝魔術師《まじゅつし》〟でしょう。

幽霊《ゆうれい》だろうが、宇宙人だろうが、恐竜だろうが、本来は人間が怖《こわ》がったり嫌《いや》がったりするものです。そういう恐怖のものをエンターテインメントに変えて、お金を払わせているという、このすごさのもとは、やはり「異質なものの結合」だと思います。

彼がつくった映画「E.T.」には、どちらかといえば、子供に夢を与《あた》えるような部分もありましたが、一般的《いっぱん》には、宇宙人との遭遇《そうぐう》は怖いものです。この映画では、「一般的には恐怖のものを、ファンタジーに変えてしまった」という意味での、異質なものの結合が起きているのではないかと思うのです。

そういう意味で、「発想が生む付加価値」というのは、すごく大きなものだなと感じる次第《しだい》です。

組み合わせると付加価値が生まれるものは世の中にたくさんある

世の中には、当たり前のことがたくさんありますが、「これとこれを組み合わせたら、どうなるか」というところで、まだ誰もまったく考えておらず、「コロンブスの卵」になることは現実にあるのです。

したがって、そういうことを見つけたほうがよいでしょう。

そのためには、ある意味での「材料探し」が大事です。この世にすでにあるもののなかに、実は、それをうまく組み合わせていないために、まだ値打ちを生んでいないものがたくさんあるわけです。

先ほど、恐怖産業による映画ということを述べましたが、ジェットコースターも、はっきり言えば、恐怖産業でしょう。普通は、あのようなもので、まさか儲かるとは思わないものです。若者や子供はキャーキャー言って乗っていますけれども、大人になると、もう怖くて乗れません。

また、ディズニーランドなどでも、恐怖の館《やかた》のようなものを、ときどきイノベーションしながらやっています。あのようなものに、絶叫《ぜっきょう》しながらお金を払う人が、次から次へといくらでも出てくるのです。「もっと怖くなった」というだけで、お金をまた払う人もいるわけですが、「今度は何を出してくるか」という面白さがあるのかもしれません。

スピルバーグの映画「未知との遭遇」（一九七七年公開、コロンビア映画）も、恐怖のようなものを楽しみに変えてしまうところがあります。

それでストレスが抜《ぬ》けたり、日常生活から抜けられたりするのでしょう。そういうところで、未来が見えてきたり、夢を感じられたりするところもあるのでしょう。

こういうことを考えることができたら、いわゆるデスクワーク型の秀才から、もう一歩抜け出すことができるのです。

●以前、私はディズニーランドとハウステンボスを比較《ひかく》したことがあります。

ハウステンボスの場合、当初は、本場のオランダそっくりに街並みを再現することにこだわっていました。レンガの厚さから、レンガの間のセメントの厚さまで、ミリ単位で再現することにこだわっていたのですが、これは、やや秀才的発想ではあったか

●以前、私はディズニーランドと……　『経営とは、実に厳しいもの。』（幸福の科学出版刊）のなかで、ソフトを重視してリピーターの獲得に成功しているディズニーランドと、ハードにこだわり経営破綻《はたん》したかつてのハウステンボスの事例を挙げ、ソフトウォーにこだわる重要性について述べた。

と思います。

異質なものの結合で、差別化を徹底《てってい》的に図《はか》っている幸福の科学

幸福の科学は宗教ではありますが、日本の政治や国際政治、経済、経営、法律、科学の話もすれば、宇宙人の話もしています。もちろん、あの世の話は当たり前にしていますが、ほかにもいろいろなものをたくさん出しています。これは、ある意味では、「異質なものの結合がたくさん入っている」ということです。

みなさんは、私が意識せずにそうしていると思っているかもしれませんが、ある程度自覚がないわけではないのです。つまり、こういうことです。

三十年ぐらい前、幸福の科学と同じころに起きた新宗教のほとんどは、淘汰《とうた》されて消えていっています。旧宗教のほうも、「寺院消滅《しょうめつ》」などと言われたりして、いろいろなところで信者が減っていっています。世間の人々は、「お寺に行った

ら、もう先祖供養《くよう》しかない。亡《な》くなった方の葬式《そうしき》ばかりやっている」と思っているわけです。

ところが、そういうなかで、国際政治や経済を教えてくれるお寺があったら、どうでしょうか。お寺で、お金持ちマインドを教えてくれたり、未来の科学のあり方を教えてくれたりしたら、非常に便利ですし、役に立つでしょう。

幸福の科学は、そういうことをやっているのです。これも、「異質なものの結合」であり、実は「差別化」を徹底《てってい》的に図《はか》っているわけです。

ほかのところがなぜ敗れていくのかは分からないかもしれませんが、当会には、「本来、お寺で受けるべきサービスではないもの」が入っているのです。〝お寺のなかにジェットコースターが入っている〟ようなものと言えば、そういうものでしょう。

みなさんは、お寺のなかに、肝試《きもだめ》しとしてお化《ば》け屋敷《やしき》ならつくってもよいと思うかもしれません。ところが、幸福の科学の場合は、お寺のなかにジェットコースターがあったり、コーヒーカップが回ったりしているような状況が存在しているわけです。

このように、当会は、異質なものを結合しながらやっているところがあり、それによって、別のところにも触手《しょくしゅ》を伸《の》ばし、次々と新しい層を引き寄せ続けているのです。

あくまで本道を外しているつもりはありませんが、そういう発想の目はあると思います。

新聞記事のなかにスクープネタを見いだす週刊誌の記者

「異質なものの結合」は、あくまでも、現にあるものや世の中のことをよく勉強するところから始まります。

例えば、週刊誌はすごく頑張《がんば》ってマーケットを開き、いろいろなスクープを出しているように見えますが、どのようにつくっているかというと、記者によっては、一生懸命《いっしょうけんめい》に新聞を読んでいるそうなのです。

ただ、一面や二面にある政治・経済あたりの記事は、テーマが大きすぎて週刊誌のマターには合いません。そうではなく、三面以降の小さい囲みで書いてあるような記事を読むのです。

取材陣《じん》ということでは、大手新聞社になると数千人の記者がいます。しかし、週刊誌は、数十人程度の記者しか持っていないため、取材力では新聞に絶対に敵《かな》わないのです。

ですから、そのなかから記事を選択《せんたく》するわけです。大きな記事を選んでしまうと、あとからそれを大きくは取り上げられないので、少しだけ載《の》っている記事や小さい囲み記事を見ていくのです。

そして、「これはまだ書き足りていない」とか、「本当はもっとあるな」というように思える面白そうな記事を切り抜いて、「これを取材しよう」と言って、その周辺を取材し、その記事を大きくバーッと出すわけです。

したがって、スクープといっても、本当は新聞にチラッと載っていたものであることもあります。みな、たいてい見落としているか、あまり読んでいないので、それを大きく特集し、黒でも白でもない灰色の部分でもいいから書いて、パーッと大きく広げると、それがスクープのように見えるのです。

現実は、どこかの新聞の片隅《かたすみ》に載っていたもので、新聞ではスクープにならず、一面記事にもならず、こぼれたものです。テレビで言えば、泡沫《ほうまつ》ニュースのようなものでしょうか。そのなかから、面白そうなものをピックアップして、それを徹底取材し、大きくして膨《ふく》らませるのです。これなら、二、三人でできます。そうして食べているわけです。

彼らのなかには、そういうことをやっている人もいます。

マスコミの嘘《うそ》も、見抜《みぬ》けば宗教マーケットが発生する

逆に、私の場合は、新聞やテレビ、週刊誌等がいろいろと書いているものの裏を〝攻撃《こうげき》〟している部分もあります。

間違っていると思われるものについて、その背景を霊査《れいさ》し、悪魔《あくま》の尻尾《しっぽ》を捕《つか》まえて穴から引きずり出し、「はい、悪魔の尻尾を捕まえました。ここが間違っています。この霊が悪いことをしています。悪いことをして、穴のなかに逃げようとしています。これは許せません」ということで「正義の法」を説くと、今度は「宗教マーケット」が発生するわけです。

マスコミのなかの嘘《うそ》を見抜《みぬ》いたら、宗教マーケットが発生する。幸福の科学はそういうこともやっています。

やはり、現にあるものをよく研究し、異質なものの結合をしたり、異質な発想でもってアプローチをかけたりしていくと、まったく新しい局面が見えてくることがあるということです。

政府の政策も、国民の側に立つと違《ちが》うものが見えてくる

あるいは、経済事件や経済現象、経済事情など、経済もののテーマを扱《あつか》っても同じです。

例えば、冒頭《ぼうとう》で述べた「日銀総裁がマイナス金利の導入を決めた」ということについても、日経新聞の記者が書くと全然面白くない記事にしかなりませんが、宗教家の目から見ると、違《ちが》うように見えることがあるのです。そして、違うように見えたところを攻《せ》めると、そこから〝まったく新しい経済理論〟が生まれてくることがあるわけです。

それは、別の世界をもう一つ知っているからです。「信者のみなさんは、どういうことで苦労しているか」ということを知っているので、「どうしたらよいか」ということが見えてくるのです。

ですから、「安倍《あべ》首相が考えていることと、実際は違うことをしないと危ない」ということが分かれば、そういうことをすぐに提言しています。そして、それが新しい発想になったりするわけです。

それは、「誰を護《まも》るためにやるか」という考え方が違うからでしょう。政府のほうは、「国民から税金を絞《しぼ》り取り、自分たちの権益を護りつつ、権力も維持《いじ》する」ということをいちおう考えているわけですが、国民の側のほうに立ち、「国民を護るためにはどうするか」ということを考えれば、発想は自《おの》ずから変わってくるのです。そういう意味で、提言をすると新しく見えてくることがあります。

「異質なものの結合」「異質な発想」で、新しいニーズをつくり出そう

このように、「異質なものの結合」や「異質な発想」によって、今まで注目されていなかったことや、今までニーズ、需要《じゅよう》があると思われていなかったところに、新しいニーズ、需要をつくり出していくと、新しい事業が起きてくることがあります。

ここで紹介《しょうかい》した当会の例は一つの考え方ですが、こういうことは、おそらく会社のレベルでもあるでしょう。このあたりが、新規産業をいろいろとつくっていくためのヒントにもなると思います。

POINT

1

いつの時代も、どんな環境下《かんきょうか》においても、それをチャンスにして大儲《おおもう》けしたり、新しい事業のスプリングボードに変えたりする人はいるのだ。

2

マイナス金利の時代は、「要《い》らないものまで買わせようとする詐欺《さぎ》的な商売」が流行《はや》る可能性が高いので、注意せよ。

3

マイナス金利や消費税増税など、社会主義的な経済政策は「恐慌《きょうこう》」の危機を招く。政府は方向転換《てんかん》すべし。

POINT

4

経済的に平均以上の成功をするには、人生の前半に、学業や就職といった既存《きそん》の枠《わく》のなかで、何らかの「アチーブメント（成果）」をあげる努力が必要と心得《こころえ》よ。

5

単なる秀才《しゅうさい》ではなく、「面白《おもしろ》い考え方」「ユニークな考え方」ができて、チャレンジ精神のある人が、パイオニアとなって大きな成功を実現するのだ。

6

「発想が生む付加価値」はとても大きなものになる。「異質なものの結合」と「異質な発想」で、新しいニーズをつくり出せ。

第3章

経営者マインドの確立

――国と世界の情勢があなたの経営にどうかかわるか――

二〇一七年八月十五日　説法《せっぽう》　幸福の科学 特別説法堂にて

1　ベテランでも繰《く》り返し立ち返るべき原点

入門的テーマだが、すぐ忘れるもの

本書では、「経営者マインドの確立」というテーマで述べていこうと思います。ずばり経営者そのものについての話であれば、聴《き》く人は少なくなると思いますが、「経営者マインドを持つ」というテーマであれば、もう少し幅広《はばひろ》い人たちにニーズがあるのではないでしょうか。

そこで、「経営者マインドとは何か。その確立とは何なのか」というようなことを中心に話ができればと考えています。

これは入門的なテーマではありますが、すぐに忘れるものでもあり、ある意味では、ベテランでも繰《く》り返し原点に立ち返らなければならない問題でもあるでしょう。また、「現在から今後の日本経済」、あるいは「世界の経済的な問題」「経営的な問題」にも波及《はきゅう》していくテーマではないかと思います。

「新しい価値の創出」がなければ「経営」は成り立たない

まず、「経営者マインドとは何か」ということから考えてみましょう。

社長とはいっても、いわゆる「一人社長」もけっこういるでしょう。最初はほとんどがそうでしょうし、最後までそうである場合も多いとは思います。

ただ、知らなければいけないこととして、会社や、それに代わるような組織をつくる場合、「一人でするよりも、ほかの人と一緒《いっしょ》にしたほうが、生み出す価値は大きくなる」ということが原点であるわけです。

例えば、妻と子供二人を持つ家庭の世帯主である夫が、一人で給料を稼《かせ》ぎ、月給三十万円を家庭に入れて、それを四人で使うというだけでは経営とは言えません。ここに四人の人間がかかわるわけですが、これは「経営」ではなくて「分配」でしょう。

もちろん、妻の側から見る家計のやりくりなどには、多少、経営的な面はあるかもしれません。ただ、事業として見た場合は、経営ではないのです。

経営というのは、「二人以上の人が参加して、そこに人を入れることによって、より高次な生産性を上げられるようになる」ことが大事であると言えます。それは、「付加価値」と言ってもよいかもしれませんが、要するに、「新しい価値の創出」がなければ、経営は成り立たないわけです。

例えば、美容院の経営について考えてみましょう。それが原宿《はらじゅく》や青山《あおやま》あたりで流行《はや》っている都会の美容院ではなく、田舎《いなか》の美容院である場合、その地域の人口はほとんど変わらないし、客もだいたい同じ人が来るだろうと思います。したがって、その店の来客数と一人当たりの使用金額はほぼ決まっているはずです。

そういうなかで経営者になろうと思って、自分一人でやっていた店に助手を雇《やと》い、客が二人以上来たときにも対応できるようにしたとします。その結果、パーマをかけたり、髪《かみ》をセットしたりするための台を二台に増やすなどして、その費用が百万円ぐらいかかったとしましょう。

ただ、助手を雇っても、結局、一カ月間に来る客の数が増えず、収入の総量が増えないのであれば、しばらくすると、その雇った助手をクビにしなければならなくなるはずです。

つまり、この状態では、経営者を目指していた人の収入が減っているだけということです。経費が増えた分、利益が減っていることになるわけです。

もし、その店が客で満杯《まんぱい》になっていて手が回らず、いつも三人も四人も客がズラッと並んでいるのに、自分一人ではさばき切れずにいるために「じゃあ、ほかの店に行きます」という感じで客を逃《に》がしているのであれば、人を一人雇う必要はあるかもしれません。それによって待ち時間を減らし、自分のところに客を取り込《こ》むことができて、一カ月の総収入が増えるかたちで回転していくのであれば、経営としては成り立つでしょう。

しかしながら、人を増やそうが増やすまいが、売上は変わらないのであれば、それは経営ではなく、経費を多く使っているだけになります。さらに、人を雇うことで、給料を与《あた》えるだけではなく、店を改修して住むところまでつくったり、ご飯《はん》まで提供したりし始めると赤字になっていくでしょう。

また、コンビニエンスストアでも、実際は、店によって品揃《しなぞろ》えが多少違《ちが》うのでしょうけれども、大所《おおどころ》が三つ四つと激しく戦っていて、あるコンビニが潰《つぶ》れると、ほかのコンビニが進出してくるようなことも行われています。近所の住人の数は変わらないので、どこかが潰れたら、どこかがその売上を取れるというかたちになっているわけです。そのように、「食うか食われるか」というような状況《じょうきょう》になっていることも多いと思います。

要するに、複数の人を使い、商品アイテムやサービスアイテムを増やしたりすることによって、売上総量を増やし、事業の「継続《けいぞく》性」や「多角性」、および「新しい価値の創造」をなすことができれば、経営としては成り立つということです。このあたりが、なかなか難しいところでしょう。

「時代や社会のあり方」や「変化」をいつも念頭に置いているか

ちなみに、戦前や、戦後まもないころの貧しかった時代の日本では、子だくさんの農家が多かったはずです。それは外国でも同じでしょう。

農家の子供は小学校に上がるぐらいになると、農業の戦力になります。雑草を抜《ぬ》いたり、畑を耕したり、種をまいたり、害虫を駆除《くじょ》したり、刈《か》り入れを手伝ったり、藁束《わらたば》をつくったり、脱穀《だっこく》をしたりと、いろいろなかたちで手伝いができるようになるわけです。

もちろん、子供の数だけご飯を食べるので、その分の費用はかかりますが、外から人を雇って働かせるのに比べてずっと効率がよいのであれば、子供も戦力になるということです。

例えば、今はインドもだいぶ進化・進歩してきているとは思いますが、一九九〇年代では、まだそのようなところがあったと思います。当時のインドは、社会主義が崩壊《ほうかい》して次の体制に移行しようとするころであったため、貧しい時代でした。農家の子供たちは学校に行かずに、ほとんど農作業に駆《か》り出されている状態で、今でも全人口の四分の一ぐらいの人は字が書けないようです。子供は、大きくても学校には行っていない人が多く、半分も行ければよいほうだという感じだったと思います。

さらに、農作業のために行き来している道路は、アスファルトで舗装《ほそう》されていましたが、まだ固まっていないアスファルトの上を裸足《はだし》で歩いているという、やや信じがたい光景もけっこう見ました。靴《くつ》代がもったいないのかもしれませんが、足の皮を厚くして対応しているかのような状況だったので、ちょっと驚《おどろ》いたことがあります。

この話は「経営」とは言えないものかもしれませんが、いずれにしても、「収入額」と「コスト」との関係というのは、常に考えていなければいけない問題でしょう。

経営を考えるに際しては、「貧しい時代のあり方」と「豊かな社会のあり方」と、「その中程度のところ」とも比べて、これがどのように変わっていくかを、いつも念頭に置いておくことが大事だと思います。

2　社会の変化に応じて起こすべき仕事

貧しい世界における「衣・食・住」の供給という仕事

それでは、「何かの仕事を起こす」とは、どういうことでしょうか。

最も〝原始的なレベル〟としては、貧しい世界において必需品《ひつじゅひん》をつくり出し、供給するという仕事があるでしょう。食糧《しょくりょう》や飲料水などの飲み物、住居、衣服等、生活に必要な最低限のものをつくって供給したり、そういうサービスを提供したりすることが最初の仕事になります。

先ほどインドの話をしましたが、国のトップの最近の演説等を読んでみても、「男女兼用《けんよう》のトイレを男女別に分けよう。自分がこんなことを言うのは少し恥《は》ずかしい気がしないでもないが、日が暮れるまで女性がトイレに行けずにいる状態を何とかして改善しなければならない」というようなことを言っていました。

要は、女性が日中にトイレを使うと、男性に見られてしまったりするわけです。公衆トイレも学校のトイレも男女兼用になっているので、日中は女性が嫌《いや》がるのでしょう。これを男女別に分ければ、女性が昼間にトイレを利用しやすくなるということです。

インドでは、いまだにこのレベルの問題●がけっこうあります。

私も、女性が夜に用を足さなければいけないことまでは知りませんでした。私は、そもそも「トイレがないインド」しか知らなかったのです。旅行をしたとき、車で数百キロもの距離《きょり》を走ってもトイレがないので、「誰《だれ》かが見張りをしている間に、茂《しげ》みか木の陰《かげ》で用を足す」というスタイルしかありませんでした。今はトイレが少し増えてきたらしいのですが、インドはそういうところなのです。

●このレベルの問題……　2019年10月2日、インドのモディ首相は、マハトマ・ガンジーの生誕150年に合わせて、「一般家庭にトイレが普及して屋外排泄《はいせつ》がなくなった」と宣言したが、「実態とは異なっているとの批判がある」とする報道もある。

悲しいことではありますが、学校等のトイレはまだ男女別になっておらず、女性が昼間にトイレを使いづらいというのは、おそらくそのとおりなのでしょう。外からは完全に見えないトイレではなく、とりあえず使えるというだけのレベルなのかもしれません。

とはいっても、デリーやムンバイあたりの富裕層《ふゆう》エリアまで行くと、お金持ち向けの映画館などがあったりして、日本よりも豪勢《ごうせい》なサービスをしているようなところもあるようです。食べ物や飲み物のサービスまでしてくれるような映画館もあるのです。もちろん、そうしたところは普通《ふつう》の映画館の何倍もの値段がかかるため、庶民《しょみん》は行かないかもしれません。

ちなみに、一般《いっぱん》にはあまり知られていないことでしょうが、日本にもそういう場所があります。映画館にしても、一国の首相などが内緒《ないしょ》で行けるような高級な場所、食事や飲み物を提供してくれたり、シークレットサービスも連れていけたりするようなところもあるのです。これは知らない人も多いかもしれませんし、会社の社長であっても、たいていは普通のところを利用しているのではないでしょうか。

それはさておき、インドでは貧富の差がかなり激しいということです。

日本で爆買《ばくが》いをする中国人の本当の経済レベル

最近、「中国の爆買《ばくが》いツアー」について書かれた本を読みました。

この十年ほど、お金儲《かねもう》けをして裕福《ゆうふく》になった中国人が日本にたくさん来ています。彼らは、最初は何でもかんでも買ってくれました。店のほうで勧《すす》めればそれを買ってくれたし、店員が、「購入額《こうにゅう》がこの値段以上になると税金が安くなりますよ」というようなことを言うと、その額の分だけ商品を購入してくれたのですが、最近はもう少し絞《しぼ》り込《こ》んで、「自分はここまで」という感じになってきているようです。

ただ、中国の人たちにも、インドと同じような問題はまだ残っているようで、銀座《ぎんざ》のあるお店などは、トイレ掃除《そうじ》を三十分に一回はしなければいけないので困っているという話が載《の》っていました。

要するに、中国のトイレにはないものがあるわけです。日本のトイレには便器の蓋《ふた》がありますが、便器に蓋をしている意味が分からず、その上に座《すわ》って用を足してしまう人がいるそうなのです。そのため、三十分に一回でも間に合わないぐらい掃除が必要だということで、とうとう蓋を取ってしまい、「それでやっと分かるようになった」というようなことが書かれていました。

そういう意味で、爆買いをしに来ている中国人たちの誰もが大金持ちで、リッチな生活をしているかといえば、必ずしもそうではないのかもしれません。そういう人も一部にはいると思いますが、生活レベルが十分には改善されていない人も多いということです。

また、多くの場合、「お金を持っているから使う」というよりは、「日本で商品を買って帰り、中国でそれを売りさばいたりする」のを目的にしていることも多いと思います。中国では偽《にせ》ブランドがかなり出回っているので、日本で買って帰って、向こうで売りさばくわけです。あるいは、秋葉原《あきはばら》で炊飯器《すいはんき》をたくさん買って、親戚《しんせき》にそれを売りさばいたりするような場合もあるので、誤解しすぎてはいけないでしょう。

とにかく、最初は、「生活に必要なものを提供する生産工場や製造工場」、あるいは「サービス」等が大事になります。

「水がお金になる」ことを知っている中国人

それから、中国人は今、日本できれいな水が出る地域の土地をずいぶん買い占《し》めています。

確かに、中国の川などは汚《よご》れているので、きれいな水がなかなか得られません。黄河《こうが》や揚子江《ようすこう》などを見ても泥濁《どろにご》りでしょう。

日本においても、一九六〇年代、七〇年代には、公害の影響《えいきょう》により、しばしば奇形魚《きけいぎょ》が揚《あ》がりましたが、中国でもそういう魚がたくさん見つかっています。

つまり、工場の廃液《はいえき》が川にそうとう流されているわけです。排水《はいすい》の有害物質を除去する設備をつくると、経費がかかって採算が取れなくなるため、そのお金がもったいないということで、垂れ流している状態なのでしょう。中国の川の水はもともと濁ってはいるのですが、そういうこともあるので、きれいな水は非常に少ないと思われます。

日本人には、水がきれいなのは当たり前だと思っている人が多いかもしれませんが、インドや中国あたりから来ると、日本の川はどこも飲める水に見えてしまうのでしょう。

日本には、名水といわれるような湧《わ》き水が出る地帯もあります。ですから、土地の買収といっても、土を買っているというよりも、水が出るところを買い占めていることが多いわけです。

実は、「ペットボトル一本分の水」は、「石油」と同じぐらいの値段で売れます。一本当たり百数十円や二百円で売られたりしているので、これは石油の値段とそう変わらないと言えるでしょう。水が石油の値段と変わらないというのは信じがたいことですが、そうしたわけで、きれいな湧き水が出る日本の土地は投資価値が高いのです。

今、中国は十四億人近い人口を抱《かか》えているので、将来的に水不足になるのは目に見えています。したがって、日本の水をペットボトルに詰《つ》めて売りさばけばお金になるでしょう。中国人は「水がお金になる」ということを知っているのです。

「よりよい生存」を目指す時代に求められる仕事

これまで述べてきたように、基本的には、人間にとって必要最低限のところを満たすような、最もプリミティブ（原始的）な仕事が、仕事として考えられる最初のものです。

それから、暮らしがもう少し贅沢《ぜいたく》になってきて、自と他の違《ちが》いを見せなければいけないようになってくると、また別の仕事が出てきます。「いい暮らしをしている」とか、「いい車に乗っている」とか、あるいは、「ちょっといい服を着ている」「いい家に住んでいる」「私立の学校に通っている」など、そんなことが他者との違いになってくるため、そのあたりの付加価値を増《ま》したような仕事が出てきますし、それ相応のサービス業もできてきます。

例えば、英語教育は、最近では小学校から始まりつつありますが、田舎《いなか》であれば中学校から始めるレベルのものを、幼稚園生《ようちえん》向けに教える幼児スクールが都市部にはあったりします。「英語は早くから始めたほうが、聞いたり話したりするのもうまくなるだろう」ということで、幼くても英語を習いに行けるようなサービスもあるのです。

このように、豊かになるにつれて、人々が必要とするものの質が、若干《じゃっかん》、変わってきます。

経済レベルが低いうちは、食べ物なども、とにかく量が多ければよかったのが、〝少し上のクラス〟になってくると、ただ生存していくだけではなく、よりよく生存しなければいけなくなるわけです。要するに、生活習慣病にならないように、食べ物や運動といったものもコントロールしなければいけないということです。

以前に観《み》たニュースに、とある外国の猿《さる》が、観光客があまりにも餌《えさ》をくれるので体重が二十七キロにもなってしまい、このままでは、糖尿病《とうにょうびょう》や高血圧、心臓病などをさまざまに発症《はっしょう》する恐《おそ》れがあるため、病院に連れ込んで三カ月間で三キロのダイエットをさせたという話題がありました。

二十七キロあった体重が二十四キロぐらいになったようですが、猿にとって三キロのダイエットというのはけっこう大変なことらしく、いちおうよくなったということで、今は退院しているそうです。普通の猿は八キロから十キロぐらいしかないところを、その猿は二十七キロもあったので、布袋《ほてい》様のようにお腹《なか》が飛び出していました。

ただ、三キロのダイエットをさせて野生に戻《もど》したら、近所の人たちが集まってきて、お祝いにたくさん餌を与《あた》えるため、またお腹が出始めたという話もあるようです。笑えるのか笑えないのか、ちょっと分かりませんが、そのような話もありました。

人間も、生活事情がよくなってくると、「食べすぎ」等による病気が出てきます。すると今度は、それに対して、病院の医者や看護師の仕事をはじめ、製薬会社、医療《いりょう》関係の会社、器具等をつくる会社など、いろいろなものが発生してきます。原始的な生活レベルであれば要《い》らなかったのが、薬を飲むようになったり、検査をしたり、治療を受けたりと、いろいろなことをするようになるわけです。

3　物事の「変化」や「実体」「信用」をよく見抜《みぬ》け

個人経営のレベルを超《こ》えた社会情勢の変化を読む難しさ

それでは、〝さらに上の生活レベル〟になると、どうなってくるでしょうか。

もう少しお金に余裕《よゆう》が出てくると、富める者はさらに富みたくなって、よい投資先を探したり、投資に比べてリスクはあっても、よりハイリターンな投機的なものを求めたりと、いろいろなことをし始めます。それによって、一時期、儲《もう》かることもあれば、何らかの社会情勢の変化で失敗することもあるでしょう。

このあたりになると、やはり、「政治や経済の動向」「国際的な基準」等をよく見ておかなければ失敗する場合も出てくるのです。

例えば、日本では、一九九〇年代に「バブル崩壊《ほうかい》」が起きました。当時、確かに、株価が非常に上がり、東京の地価でアメリカ全土が買えるほどになったところで、マスコミからも「これはおかしい」という意見は出ましたし、個人からも不満がたくさん出たところはあります。特に、土地や株を買い占《し》められない役人たちは、その気持ちが強かったかもしれません。

そうした流れから、宮澤喜一《みやざわきいち》内閣は、普通《ふつう》の人でも、東京で一戸建ての家を持てるような時代にしたいと考え、「資産倍増計画」を立てました。千五百万円ぐらいで、東京に庭付きの家を持てるようにしようとしたようです。

ただ、「地獄《じごく》への道は善意で舗装《ほそう》されている」とはよく言ったもので、結局、どうしたかというと、「土地の値段を下げればよいのだ」と考えたわけです。

銀行が、「土地を買うのであれば、いくらでもお金を貸す」と言って貸し込《こ》んでいるところを、逆にお金を貸さないようにしたり、融資《ゆうし》の引き揚《あ》げをしたりすれば、土地の値段は下落すると考えたのでしょう。そして、土地の値段が下がったところで、損をするのは地主《じぬし》だけであり、普通のサラリーマンレベルの人たちは、例えば土地の値段が十分の一になれば、土地付きの家に住めるようになるという発想だったのです。

しかし、これには〝抜《ぬ》けている〟部分がありました。

銀行は、それまで、土地を担保《たんぽ》にしてお金を貸していたため、土地の値段が下落していくと、銀行としては困ります。

例えば、ある土地の値打ちが一千万円だったときに、そこに第一抵当《ていとう》権を付けたとして、担保の掛《か》け目が八掛けであれば、八百万円の融資ができます。ところが、その土地が五百万円の値打ちしかなくなってしまったら、八百万円は貸せず、四百万円しか貸せなくなるわけです。そうすると、銀行は、「貸した八百万円のうち、四百万円は返してくれ」と言ってくるわけですが、急に四百万円を返せと言われても、お金を借りて家を建てた側は返せるわけがありません。

その結果、自己破産を起こしたり、または、高利貸しのようなところや闇《やみ》金融からお金を借りて夜逃《よに》げしたり、自殺したりするような人も出てくるようになりました。

そして、地価も株価も下がった結果、日本全体が貧乏《びんぼう》になっていったわけです。

要するに、「資産家のほうを貧乏にしても、ほかのところがよくなればいい」と思っていたのでしょうが、資産家だけではなく、すべてが共に崩《くず》れていったということでしょう。そういうことが起きたので、結局は、「幻《まぼろし》の資産倍増論」だったのだと思います。

ここに、「経済の倫理《りんり》」を入れてよいのかどうかについては難しいところはありますが、確かに、その前の段階の一九九〇年ギリギリぐらいまでは、まだ、「とにかくマンションを買いなさい」ということを書いた本などがたくさん出ていたように記憶《きおく》しています。特に、台湾《たいわん》出身の邱永漢《きゅうえいかん》氏などは、「とにかくマンションを買えば、一年後には倍になるのだ」「要《い》らなくても買って、売り抜け」というようなことを言っていました。また、銀行もそれとタイアップして、「マンションを買うのなら融資する」と言っていたのです。

そして、値段は上がり続けるという考えの下《もと》、マンションを売買したりしていたのですが、値段が下がってきたら、あっという間に潰《つぶ》れていきました。同時に、ゴルフ場やボウリング場など、いろいろと開発をしていたものも駄目《だめ》になりました。

こういったことが起きると、個人の経営レベルで考えていたのとはまったく違《ちが》う状態が起きてくるので、その意味では極《きわ》めて難しいと思います。

実体のない経済には、どこかでツケが回ってくる

「投資」や「投機」の時代に入っていくときは、経済的にさらに発展しそうに見えるものの、潰れるときは怖《こわ》いものがあります。

日本のバブル崩壊と似たようなかたちで起きた、いわば別バージョンが、二〇〇七年から〇八年にアメリカで起きたリーマン・ショックです。これは、ノーベル賞を取るような、物理学や数学に詳《くわ》しい人たちが何人か集まってつくった、「借金が分からないようになるシステム」がもとになっています。

彼らは、債権《さいけん》をいろいろと組み合わせることによって借金隠《がく》しができ、さらに、その組み合わせたものを世界に散らばらせることで、何が何だか分からなくなるような仕組みを金融工学でつくり、金融商品として発売しました。それによって、本来なら家を持てないような低所得の人でも融資を受けられ、二千万円や三千万

円の家、あるいは五千万円の家を持てるようになるという、夢のようなプランを出したわけです（サブプライムローン）。

ところが、そういうものは、最後にはどこかでツケが回ってくるものです。収入や財産がないのに、家を持てるわけがありません。やはり、実体のない経済に基《もと》づくものは、どこかがおかしいのです。そのような〝幻想《げんそう》の経済〟は「ねずみ講」と同じで、最後には潰れることになります。

「ねずみ講」というのは、紹介者《しょうかいしゃ》が次の紹介者を勧誘《かんゆう》するかたちで末広がりに増やしていくことによって、筋親《すじおや》の収入が増えていくというようなものです。「二人紹介すれば、あなたにはこれだけの手数料が入る」という感じで、だんだん人数を増やしていくわけですが、いずれは対象者が重なってくるので、結局は増えないわけです。

そのように、客が広がらなくなるため、結局は難しいところがあります。それと似たかたちで、アメリカもリーマン・ショックというものを経験しました。

仮想通貨はある程度の規模まで行くと、何らかのクラッシュが

今、その次に来ているのは「ビットコイン」などの仮想通貨でしょう。「仮想通貨」とは、コンピュータ上にのみ存在するような通貨のことです。これによる取引がかなり認められてきており、ビットコインを支払《しはら》いに使える回転寿司《ずし》等も出てきています。また、仮想通貨は最初は一種のみでしたが、それもだんだん分かれて増えてきています。

これについても、「バブルではないか。いつか崩壊するのではないか」と心配されているところではあります。

ただ、こうしたものについては、私も以前、アベノミクスが始まる前の段階で提案してはいたのです。

「日本銀行のみが紙幣《しへい》の発行を行っているけれども、明治時代には、民間の銀行から紙幣の発行が行われていた時期もあるので、大手銀行あたりから紙幣を発行してもよいのではないか。そうすることで紙幣の流通量を増やしたほうがよいのではないか」という提案をしたことがあります。要するに、一括《いっかつ》管理していると危険度が高く、加減が悪すぎるので、大手銀行等からも発行してもよいのではないかということです。

ところが、そういうことを政府が検討しないうちに、とうとう民間から、お金の発行や、手形や小切手の代わりになるような次のものが出てきたわけです。

おそらく、今、仮想通貨の流通総額は「兆」の単位まで行っているのでしょうが、そんなにうまい話はないので、ある程度の規模まで行ったあとは、取引において何らかのクラッシュ、倒産《とうさん》等が起きてくるだろうとは思います。

●提案をしたことが……　『日本の繁栄は、絶対に揺るがない』(2009年刊、幸福の科学出版刊)参照。

仮想通貨の可能性とリスク

江戸《えど》幕府の時代でもそうでしたが、お金というのは、もともと、「金本位制や銀本位制などの下、紙で発行したものでも金や銀に換《か》えてくれる」という「信用の裏付け」があって発行できていました。それが、だんだんと、そうした裏付けもなくなり、ペーパーマネーになっていったのです。

日銀の紙幣は、一万円札一枚当たり二十円以内のコストで刷れますが、二十円ぐらいのものが一万円に化《ば》けているということは、九千九百八十円分の信用の膨《ぼう》張《ちょう》が成り立っていると言えます。

ところが、その二十円弱の印刷代さえもったいないという考えもあり、「それなら、コンピュータのネットワークのなかだけで使える、仮想の通貨があってもよいのではないか」と言われているということです。

●何らかのクラッシュ……　本法話《ほうわ》の約半年後、仮想通貨ビットコインの価格は暴落し、2017年末の最高値から、2018年2月には3分の1以下になった。2019年に入ってからは、やや上昇したものの、9月には再度暴落するなど、変動が続いている。

ただ、戦争状態になると、まずは電子機器系統が狙《ねら》われますし、もし、そういったものが何らかのかたちで攻撃《こうげき》されたりした場合には、一部の財産がなくなることもありえます。

ちなみに、今、実際には存在しない架空《かくう》のレンタルオフィスが流行《はや》っています。東京であれば、信用のある場所、例えば、「千代田区《ちよだ》あたりにオフィスを持ちませんか」というような広告がCNN等にも出ていましたが、実際にはそんなオフィスなど存在しておらず、電話だけがつながるようになっているものがあるようです。

ビットコインについても、ロンドンのシティとか、海外のどこかに取引所などがあることになってはいるようですが、実際にはすでに閉めていても、取引だけが続いているようなこともあるかもしれません。

ただ、お互《たが》いに信用し合っているなら、特に裏付けがなくても貨幣に代わるものは存在しますから、それで構わないと思います。原始時代には、丸い穴の開《あ》いた石や貝殻《かいがら》でも通貨にすることはできたわけなので、信用があれば、そういうことはできるということです。

例えば、友人同士の関係であれば、破ったノートに「二千円借りました」と書いて渡《わた》すだけでも、手形・小切手の代わりになるぐらいなので、信用があれば、そうした経済は起きるわけです。

国がつかめるお金の動き、つかめない動き

実体経済のなかでも、現実に動いているお金（現金）自体は、（通貨発行量の）二十五パーセントぐらいではないかと言われてはいるのですが、（電子マネー、仮想通貨等を含《ふく》めると）日本も、実際の通貨発行量以上のお金が動いていることになっているのではないでしょうか。

アメリカの経済学者のなかには、特に、「一万円札を廃止《はいし》すべきだ」などと言

っている人もいますが、それは、「一万円札の発行をやめて、いずれは、カードないし銀行を通した決済などしかできないようにすれば、お金の動きはすべてつかめるようになるので、現金を減らせ」ということのようです。そうすれば、国のほうもしっかりと税金が取れるというわけです。

要は、タンス預金をして、キャッシュ（現金）でいろいろ買われると分からないので、発行は小さい額のものだけにして、カードなどを使わせるようにするということでしょう。

確かに、そうしたい気持ちは分かります。私が三十年以上も前にアメリカにいたときでも、みな、財布《さいふ》に入れるお金は二十ドルぐらいまでが限度で、それ以上は持ち歩いていませんでした。強盗《ごうとう》に襲《おそ》われて盗《と》られるという理由から、百ドル紙幣などは持っていなかったのです。もし、お店で百ドル紙幣を使ったりしたときには、なかなか信用されず、「もう少し小さい額のお金はあるか」などと言われたりもしました。百ドル紙幣を出すと、店員が電灯に照らして本物かどうかを確認していたのを覚えています。

つまり、百ドル紙幣をあまり見ないということでしょう。それは、今の日本で言えば一万円札に当たりますが、実質的に一万円札のない時代を、アメリカはすでに三十年以上も前に迎《むか》えていました。

ただ、これについては多少分かるところもあって、キャッシュを使われると、国がつかめない経済があるのです。

例えば、日本では何年か前から、警察からのお達しで、貴金属店あたりでも、現金での支払いが二百万円を超《こ》えるものについては証明書が要るようになっています。

要するに、マネーロンダリング対策でしょう。値段の高いものを買ったりすることで、悪いお金の〝洗濯《せんたく》〟をされる可能性があるため、二百万円を超えるキャ

●マネーロンダリング　不正取引や犯罪によって得られた資金の出所や流れを分からなくするために、多数の口座を転々と移動させたりすること。資金洗浄。

ッシュは使えないようにチェックされることもあるわけです。

このように、あの手この手で対策を打ってはいるのですが、現実の通貨でもなく、さらに裏付けのないものでも出回っていることもあり、けっこう〝怖い時代〟に入ってはいます。

近い将来に予想される「ビットコイン破産」

インドでも同じようなことがあって、政府が、「高額の紙幣を無効にする」と宣言しました。それも、夜中の十二時で無効になるということを、その四時間ほど前に突然《とつぜん》発表したのです。

これでは換金《かんきん》のしようがないでしょうけれども、無効になって困るのは大金持ちだけで、貧乏人は困らないからかもしれません。裏にどのくらいの意図があるのかは分からないものの、ともかく、そういったことをしたわけです。

●高額の紙幣を……　2016年11月8日夜、インドのモディ首相はテレビ演説をし、約4時間後の9日から、同国で最も高額の紙幣である1000ルピーとそれに次ぐ500ルピーの使用を禁じると発表した。

そういう意味で、貨幣経済も壊《こわ》れてはきますし、信用経済にしても何がもとになるかは分からないところがあります。

ちなみに、経済が全部崩れたらどうなるかというと、原始的な「物々交換《ぶつぶつこうかん》」に戻《もど》り、「大根○本と芋《いも》△個とを交換する」といったかたちになるでしょう。アラブ世界のなかでは、「ヤギ二十頭と引き換えに娘《むすめ》と結婚《けっこん》できる」などと言って、娘にかかった食費や養育費を物で換算したりする傾向《けいこう》がありましたが、信用経済が崩れたら、こうしたことになるはずです。

あるいは、近い将来どこかで、ビットコインの使いすぎによる、「ビットコイン破産」が出るだろうとは思います。「四万円出したものが十万円になる」とか「二十万円になる」とかいって、今後、流行ってはくるでしょうが、気をつけなければいけません。特に高齢者《こうれいしゃ》は狙われているので気をつけてください。これよりは、むしろ、換金可能性のあるものに換えておいたほうがよいと思います。

4 「国レベルの経営の失敗」に耐《た》えうる経営をしているか

企業家《きぎょうか》精神が薄《うす》れてくると、政府は「バラマキ」と「平準化」に動く

ただ、「日本国債《こくさい》」に対する信用があまりないのも事実です。金利が上がらないので、まだ崩壊《ほうかい》するとは思われていないのでしょうが、国の借金は一千兆円を超《こ》えて一千百兆円に迫《せま》っています（説法《せっぽう》当時）。これはかなり多いでしょう。それも、ほとんど〝政府のバラマキ〟によって起きているものなのです。

国民が食べていけなくなってくると、政府は、公務員として雇用《こよう》するか、お金を撒《ま》くか、あるいは、食べ物を現物支給するか、そういったかたちを取るわけで、今の政府の動きを見ると、それが近づいているのかもしれません。

さらに、大学までタダにしようとする動きもあります。タダにする理由として、以前の文科大臣は、「大学卒業者と高校卒業者の生涯《しょうがい》賃金には、約九千万円の差がある。これでは貧富の差が生まれてしまう。タダにすればそれが生まれない」などと言っていましたが、全部をタダにしたら、おそらく、大卒は高卒と同じになってしまうでしょう。しかし、そこまでは頭が回らないわけです。

「大学に行くと生涯賃金が増える」というならば、それは「投資効果がある」「大学はまだお金を取れる」ということを意味しています。逆に、もし、「大学に行っても、学問が役に立たないので、実は仕事ができなくなる」といったことが実証されてしまったら、マイナス金利ではありませんが、タダどころか、「大学のほうがお金を払《はら》うから来てくれ」というところまで行ってしまうでしょう。そのへんが、まだ正確に測られてはいません。

このように、「企業家《きぎょうか》精神」が薄《うす》れてくると、「政府が補助金をばら撒くか、お金を持っているところから大量に巻き上げて平準化していくか」という動きをしやすいのです。

国家が行う「二重価格制」「傾斜《けいしゃ》生産方式」の試みをどう見る？

例えば、タイなどでもそうです。インラック元首相は、五十歳《さい》ぐらいの女性で、海外留学の経験もある方ですが、農村部の票を〝買収〟したということで、逮捕《たいほ》状《じょう》が出ました。そして今、タイでは事実上の軍事政権が続いています。

要するに、インラック元首相は、非常に疲弊《ひへい》している農村部分に補助金を出したのです。いわゆる底上げをして、「政府が高く買い上げ、庶民《しょみん》には安く売る」というかたちを取りました。これに関して、「税金を不正に流用した」と言われているのですが、こうしたことは、日本では昔からけっこう行われていました。

ちなみに、私も高校ぐらいのときには、この「二重価格制」について知ってい

●逮捕状が……　2017年8月、インラック氏は裁判の判決公判を欠席したため、最高裁が逮捕状を発行。インラック氏は国外に逃亡し、その後、セルビアの市民権を取得した。

ました。それは、私の父親（善川三朗名誉顧問《よしかわさぶろうめいよこもん》）が、かつて徳島県庁に勤めており、農業畜産《ちくさん》関係の指導などをしていたからです。父は、日曜日には論文も書いていたのですが、そこに、「農家の人手不足や後継《あとつ》ぎ不足、および、収入の低さを解決するには、国がお金を出してお米を高く買い上げ、それを安く売ればいい」というような内容がありました。そこで当時、私が、「これは国が赤字になって倒産《とうさん》する道ではないんですか」と訊《き》くと、父が、「そんなのは知ったことではない。農家の苦境を救うには、とりあえずはそれしかないんだ」と答えたことを覚えています。

なお、二重価格制、つまり、「高く買って安く売る」という政策は、ファシズムでも言われてはいました。

あるいは、「傾斜《けいしゃ》生産方式」といって、高く売れる、高付加価値を生む農業のほうにできるだけ投資をかけていき、儲《もう》からないところを減らしていくというやり方もあります。例えば、儲からない畑とか米作《べいさく》とかを、酪農《らくのう》や養鶏《ようけい》など、収入が大きいほうにシフトしていくといったこともしていました。そのように、あの手この手とあるのですが、実際には難しいものなのです。

ともかく、国レベルの経営として見るかぎり、日本は失敗していると思うので、今後ますます、それに耐《た》えるような経営をしなければいけないことが多くなるかもしれません。

ロボットやAIの進化で「人減らし」が加速する

今はロボットの導入も増えていますが、はっきり言えば、これは「人減らし」に使われているのです。ロボットやAIが、完全に〝人間の代わり〟に考えて仕事をできるようになってきたら、ロボットに〝人頭税《じんとう》〟を払ってもらわなければ困る時代が来る可能性が高いのではないでしょうか。もちろん、なるべく、そうならないようにいろいろと考えるとは思いますが、結局、「工場に人が一人もおらず、ロボットだけが働いている」という状況《じょうきょう》になったら、かつて取れた税金も取れなくなります。そのため、ロボット化、コンピュータ化によって国の税収は減っていくはずです。

さらに、工場としても、人件費が削《けず》れるなら、基本的に、正規雇用を減らし、非正規雇用を増やすのは当たり前でしょう。非正規雇用ではなく、正規雇用として扱《あつか》うとなるとコストが上がるからです。

工場の海外移転によって、国全体にリスクが発生することも

また、「産業の空洞《くうどう》化」も起きてきています。例えば、人件費が日本の十分の一だったときの中国や東南アジアの国に工場を移転して、そこで日本型のつくり方をしっかり教え込《こ》み、できた製品を日本に安く売ったり、ほかの国に売ったり

してきました。ときには、「本社機能を海外に移転する」「税金の安いところに本社を持っていく」といったことまでし始めたわけです。九〇年代以降は、こうした企業に伸《の》びているところが多いと思います。

しかし、いずれ「カントリーリスク」が発生するでしょう。もちろん、税金や人件費が安い国に工場を出せば、付加価値が高くなって企業も儲かります。ところが、相手の国も儲かるわけで、その国が、儲けた分を軍事費用などにどんどん転用していく場合、日本としては逆に高くつくこともあるのです。もし、相手の国が軍事力を強化すれば、今度は日本のほうが防衛強化しなければいけなくなって、防衛費用が必要になることもありえるからです。

トランプ大統領は、「アメリカ・ファースト」と言って、雇用をアメリカに戻《もど》そうとしていますが、日本も、それについてもう少し考えなければいけないところはあると思います。

昔であれば、「海外の貧しい国に投資して工場を出し、現地の人たちが豊かになれば、日本の製品を買ってくれるようになるし、向こうでつくったものも買えるようになる。そういう自由貿易を繰《く》り返しやって、両方大きくなっていくことで、経済全体が拡大するのだ」というのが基本的な考えでした。私の子供時代に習った世界経済は、そうしたものだったのです。

しかし、今、それとは違《ちが》った面が出てきつつあります。要は、海外に工場を出すことで、国内は空洞化して失業者が増えているわけです。そして、利益を海外に落として、日本には税金を納めないようにしているのですが、相手国に納めたその税金が軍事強化に使われたりもしているのです。こうなると、「愛国心」と「企業の利益」とを秤《はかり》にかけなければいけないところも出てきているのではないでしょうか。

したがって、「日本でつくれるものは日本でつくる」というような運動も、少しはしなくてはいけないと思うのです。

5　これからの経営者が考えるべき「国富を増やす経営」

経営者が持つべき経済倫理《りんり》の基準とは

機械化に関してさらに言うと、機械を売り込《こ》んでいるメーカーは儲《もう》かっているとは思いますが、それによって失業者をたくさん生み出しているのであれば、どうでしょうか。やはり、その元凶《げんきょう》をつくったところは、何か考えなければいけないところがあるかもしれません。自分のところの儲けに対する税金だけではないものが発生して、実は、国富を減らしている面が、一部あるかもしれないのです。

このへんを一度、考えてみてください。「機械化していくことで、さらに国富を増やす方向に行っているかどうかの点検」は必要だと思います。

例えば、馬車での移動が当たり前だった時代には、鉄道を走らせるために鉄のレールを敷《し》いていると、それを見てみんな笑っていました。要するに、「馬車だったら、どんな通りでも入れるのに、鉄道はまっすぐにしか走れないではないか。鉄道なんてバカげている。流行《はや》るわけがない」と思っていたわけです。しかし、アメリカであれば、東部と西部を結ぶ鉄道ができたあとは非常に便利になりました。

そのように、機械の進化が、新しい時代にもっと人口を増やしたり、産業を増やしたり、富を増やしたりしていくものになるのならよいのです。しかし、そうではなく、若干《じゃっかん》、〝身内の身を削《けず》るような戦い〟になっているならば、少し考えなければいけないところもあるかもしれません。

未来の経済倫理《りんり》として、「エゴイスティックな便利さ」なのか、「経済規模が大きくなり、食べていける人が増えるかたちでの便利さ」なのかをよく考えなければいけないと思うのです。

例えば、今、本屋や出版社、新聞社等も倒産《とうさん》の危機が近づいているわけですが、これなども、「情報の付加価値」の問題をもっとよく分析《ぶんせき》する必要があるでしょう。このへんのところを考えなければ、未来はなかなか拓《ひら》けないのです。

ミクロでは、エゴイスティックに見える「経費最小・売上最大」がプラスになるのですが、これから先の経営においては、「実際、マクロではどうか」ということも、もう一度考えなければいけません。つまり、「全体的に見ると、社会の構造がどのように変わっていくか」を考えるべきなのです。

さらに、失業者を大量に出したり、不況《ふきょう》を起こしたり、脱税《だつぜい》産業を隆盛《りゅうせい》にしたりするために、優秀《ゆうしゅう》な頭脳を投入する傾向《けいこう》が学問傾向や就職傾向で出てきたら、危険だと感じます。

例えば、頭のいい人のなかには、税理士や公認会計士などになったりする人もいるでしょう。もちろん、彼らが、適正なかたちで節税する方法を教えてくれる分にはよいのです。しかし、誰《だれ》もが節税のほうにばかり知能を使うようになってくると、本来、富を増やすことのできる人が、そうではないほうに動くこともあります。

やはり、「個人や会社の富の増加が、国富の増加になって、両者が潤《うるお》う道を拓かなくてはいけないのだ」ということを考えなければ、これからの倫理が立たなくなってくるだろうと思うのです。

社会に役立つ「実学」や「学び直し」が可能な教育が必要

また、「大卒の求人倍率がよくなった」という話もありますが、一方で、「七十五パーセントぐらいしか就職ができていない」という話もあります（説法《せっぽう》当時）。

これに関して、私としては、「高校あたりの勉強でもかなり難しいので、実社会に出てそれが要《い》るのかどうかという点で疑問がある」と感じるのです。

実際、卒業して何十年もたったら、高校あたりの数学でも難しくて分からないものはたくさんあるでしょう。そういう意味では、時間を無駄《むだ》にしている部分もかなりあるのではないかと思うのです。

したがって、「無理をして〝大学全入制〟にする必要はないのではないか」と思います。

年を取ると駄目になるのは、相撲《すもう》取りと野球選手だけではありません。労働者にも同じ問題は出てきますので、高等数学などの難しい勉強があまり必要とされない職業の場合、中卒であっても仕事を始めて構わないのではないでしょうか。

あるいは、専門学校のようなところをもう少しキチッとして、ドイツのマイスター風に、「何かの専門家になれば、尊敬され、収入が保障される」という道を考えていってもよいのではないかと思います。

専門家になるには、わりに早いうちから学ばないと駄目なところもあって、料理人などもそうだと思いますが、十五歳《さい》ぐらいから勉強しに行ったほうがよいのです。高等学問をやって大学を卒業してから料理人になる場合、海外に留学するなら、少しは役に立つかもしれませんが、腕《うで》としてはやや伸《の》びにくいところもあるでしょう。

やはり、そうした技能や専門的なものに対しても、一定の尊敬を払《はら》うべきではないかと思うのです。

例えば、HSUでは、社会に出てから役に立つことをなるべく教えようと頑張《がんば》っています。しかし、一般《いっぱん》の大学は、国立も公立も私立もそうですが、ガラクタに近い、死んだ学問をたくさん教えており、場合によっては、〝真理の逆回転〟に当たるようなことを教えているところも多いのです。

そうした大学を卒業しても、ガラクタを教わって出てくる製品はガラクタ製品

●HSU　本書P48参照。

でしょう。そうなると、〝ガラクタ卒業生〟を雇《やと》った会社は、これを使わなければいけないので大変だと思います。

そうした意味で、今、学問の有用性が疑問視されているのではないでしょうか。

これからは、もっと実際に必要なことを学び、それを使えることが大事です。

もちろん、高等教育を十分に受けなかった方で、社会人になってから勉強したいという人には、勉強できるシステムを用意しておく必要があるでしょう。

ただ、今は、大学生のときに奨学金《しょうがくきん》を四百万円以上借りながら、それを返せずに自己破産しかかっているような人が、かなり多くなっている状況なので、よく考えたほうがよいと思います。

なお、「今ある大学が、これからたくさん潰《つぶ》れる」と予想されているにもかかわらず、文科省の〝経営学〟によれば、「定員を絞《しぼ》れば潰れない」らしいのです。

文科省は、その程度にしか考えていないようですが、本来なら、「教育の中身」

を大事にしなければなりません。

6　経営者は「何が価値を生むのか」という原点を考えよ

世の中の趨勢《すうせい》を読むだけでは騙《だま》される

先ほど述べた「資産倍増論で、実は資産が減ってしまった」などというのも、貧困な経済学の問題だったと思います。また、「理数系の頭のいい人たちが考えた金融《きんゆう》工学で、財産がなくても家が持てる」というようなアメリカン・ドリームも、まったくのインチキでした。

さらには、電子工学系に強い人、コンピュータに強い人たちが、おそらく、ビットコイン系で虚業《きょぎょう》を膨《ふく》らませているので、必ずまた近いうちに不況《ふきょう》をつくるだろうとは思います。

したがって、もう一度、原点に帰るべきです。「何か値打ちのあるものが出てこなければ、豊かにはならないのだ」ということを知っておいてください。

例えば、「籾《もみ》をまいたら、それが何百粒《つぶ》も実った稲穂《いなほ》になって、ご飯《はん》になる」というのは、明らかに価値が増えています。それと同じで、もう少し抽象的《ちゅうしょう》なものでも、やはり価値があることが大事であるわけです。その意味で、「何がいったい価値を生むのか」ということを、経営者は考えなければいけません。

経営者マインドの確立には、「世間《せけん》の趨勢《すうせい》がどうなのか」を見なければいけないところはあるものの、それだけだと騙《だま》されることがあります。その他大勢に引っ張られて、「みながやるから、やる」というようでは経営者としては失格になることが多いし、家族を路頭《ろとう》に迷わせることが多くなるだろうと思うのです。

「上野《うえの》動物園のパンダの経済効果」のもとにある価値とは

では、何が価値を生むのか、少し考えてみましょう。

例えば、二〇一七年に、上野《うえの》動物園でパンダの赤ちゃんが生まれました。最初は何か、ブタの赤ちゃんに少し和毛《にこげ》が生《は》えているような感じで、かわいくも何ともない状態で、六月に生まれたときは体重が二百グラムもないぐらいの存在だったのです。ところが、二カ月たって八月になると、三キロぐらいになり、いちおう黒と白の毛が生えて、パンダらしくなっていました。本書のもとになる説法《せっぽう》をした前日（八月十四日）には、その映像が公開されていました。

そこで、〝パンダの経済学〟というものを考えてみると、これがけっこうすごいのです。パンダというのは、所有権が全部、中国にあります。中国は、パンダを世界の動物園に貸し与《あた》えていて、要するに、くれたわけではありません。ケチと言えばケチなのですが、くれはしないのです。

例えば、パンダ一つがいを上野動物園に貸し出された場合、その一つがいで一年間に約百万ドルがかかります。つまり、だいたい一億円を中国に払《はら》わなくてはいけないらしいのです。また、餌《えさ》代は上野動物園持ちなのに、子供が生まれたら、その子供も中国のものになります。今回、上野動物園で生まれた赤ちゃんも、●まだ名前は付いていませんが、結局、〝中国人〟になるのでしょう。

そのように、中国は、パンダ二頭で少なくとも年間一億円を送金してもらえるわけですから、〝パンダ経済学〟というのはすごいものだと思います。

ただ、上野動物園が二頭で一億円を送金し、餌代を払って、それでもまだ儲《もう》かるのなら、きっと〝パンダの売上〟はもっと大きいはずです。もしパンダが三十歳《さい》前後まで生きるとしたら、一頭当たり十数億円以上の売上をあげることは、ほぼ確実でしょう。

●**まだ名前は……**　2017年9月25日、上野動物園で生まれた赤ちゃんパンダは「香《シャン》香《シャン》」と名付けられた。

そうなると、もしかしたら、ある意味で人間より値打ちがある可能性が高いのではないかという気がします。パンダの赤ちゃんを公開するようになれば、入場客はドッと増えるはずです。ほかの動物の赤ちゃんが生まれても、それほどではないと思いますが、パンダの赤ちゃんだとドッと入るでしょう。その経済効果がどの程度なのかは分かりかねますが、人間より高いことだけは確かだと思うのです。

パンダの付加価値は「かわいい」「珍《めずら》しい」「美しい」

ここで生まれている付加価値は何かというと、一つは「かわいい」ということです。人間は、かわいいものに価値を感じているのです。

また、珍《めずら》しいものにも価値を感じています。パンダは、今、全世界で千八百頭ぐらいしかいません。そのように、限定されているのでそこに値打ちがあるわけです。

結局、パンダは、「かわいい」ということと、「希少価値《きしょうかち》」ともいいますが、「珍しい」ということで付加価値が生まれているのでしょう。

ただ、パンダというのは、柄《がら》は黒と白だけで、デザイン的には、どれも同じ顔をしています。まったく同じで、代わり映《ば》えがありません。「少しは変わったものがいないのかな」とか、「当会の絵本の『パンダルンダ』（大川紫央《しお》著、幸福の科学出版刊）のように、紫《むらさき》色のパンダが出ないのかな」とか思ったりもしますが、全部同じパターンにつくられています。ウサギにも違《ちが》いがあるし、牛もそれぞれで模様が違うのに、パンダだけは模様まで同じなのです。ただ、数が少ないので、それでもいけるのかもしれません。

あるいは、有名デザイナーのデザインとよく似た感じがないわけでもないので、全部が黒ではなく、

絵本「パンダルンダ」シリーズ
（大川紫央著、幸福の科学出版刊）

白が入っているという〝デザイン〟のおかげで収入になっている面もあるわけです。もし、それを「美しい」と感じるならば、「かわいい」と「珍しい」に、さらに「美しい」という価値が加わってくることになりましょう。

流行《はや》るための基本は「違《ちが》いの追求」

もちろん、こういったことは、基本的に人間が行う商売や事業等でも同様です。やはり、ほかのものとの差別化というか違《ちが》いがないと、ものが売れないわけです。ところが、たいていの人は、みな似たようなことをします。例えば、喫茶店《きっさ》などは、いくらでも出てきて、潰《つぶ》れたり新しくできたりを繰《く》り返していますが、「どこで違いを出すか」「どこで口コミの評判が出るか」というあたりは、なかなか難しいようです。出すコーヒーや紅茶、ケーキ等の違いの差、あるいは、値段の付け方等で、〝微妙《びみょう》な戦い〟を延々と続けているのでしょう。

ちなみに、評論家の呉善花《オソンファ》という人の本によると、韓国《かんこく》では、あるところにラーメン屋を出して当たった場合、左にもラーメン屋、右にもラーメン屋がどんどん出てきて、結局、ラーメン屋ばかりになって潰れるのだそうです。「日本だったらそうではなくて、ほかの店が出たりするのに、韓国だと、ラーメン屋が当たっていると、まったく同じことをする」というようなことが書かれていました。

確かに、「同業のものは、過当競争で潰れる傾向《けいこう》が極《きわ》めて強い」ということは言えるでしょう。したがって、基本は「違い」を追求していくことだと思います。

衣服等であれば、「かわいいもの」もあれば、「珍しいもの」もあるかもしれません。あるいは、「美しいもの」もありましょう。「それを身につけることによって、何らかの付加価値なり、意味なりを持つ」ということもあるはずです。

例えば、ドラマ「黒革の手帖《てちょう》」（二〇一七年放送、テレビ朝日系）風に言えば、和服がそうです。銀座のママの和服は、一枚が百万円するのか二百万円するのかは分かりません。おそらく高いものを着ているのだと思いますが、「あれは〝戦《せん》闘《とう》服〟だ」と言っている人もいました。あれを着ると、急にクラブのママ風になるので、〝戦闘服〟に当たるということでしょう。そういう意味で、値打ちを生むし、〝鎧《よろい》〟にも〝盾《たて》〟にもなっているのだとは思います。

ともかく、〝今までなかったもの〟を生み出さないかぎり、仕事としての意味はありません。また、〝今までにないもの〟を出しても、同業でまねをしてくるものがあるので、それとの「差別化」を図《はか》っていかないと厳しいわけです。

「国家間の問題のこじれ」によるリスクを考えよ

今、日本政府は、観光産業などで食べていくことについて、拡大を図ってはいます。しかし、こうした産業のリスクはかなり高く、国家間の問題がこじれたら、あっという間に観光客が来なくなったりするようなこともあるでしょう。このあたりに、若干《じゃっかん》、政治と経済が嚙《か》み合っていないところがあるのは残念です。

韓国との関係で言うと、ドラマ「冬のソナタ」が日本で流行《はや》ったときには、日本人はずいぶん〝韓国詣《もう》で〟をしていました。また、ペ・ヨンジュン氏のお店が日本に何軒《けん》も出ていたのです。ところが、当会の本拠《ほんきょ》の近くにできたペ・ヨンジュン氏のお店は、当初、何カ月も先まで予約が入っているような状況だったのですが、三年もたったら潰れてしまいました。人気が去ると、そういうことがあるのです。

さらに、韓流《ハンりゅう》ブームのときは、向こうのものがたくさん入ってきましたし、こちらから観光客も行っていたのに、今ではそんな感じはありません。

例えば、昨日《きのう》、ニュースを観《み》ていたら、韓国では、従軍慰安婦《じゅうぐんいあんふ》の像を日本大使館の前に建てているだけでは気が済まなくなったようで、ソウル市内を走る路線バスのいちばん前の席に、その像を座らせたりしていました。しかも、「ソウル市長もそのバスに乗った」と言っていたのです。

そのバスは、日本人観光客が多く通るところに走っているので、現地では、「もしかしたら、日本人に嫌《きら》われるのではないか」という意見もあったものの、結局は、「日本人は感情を表に出さないから、平気なのではないか」などと思っているようです。しかし、観光客は、おそらく減るでしょう。

これを見ると、韓国の「政治」と「経済」が連動していないように思いますが、ある意味では連動しているのかもしれません。要は、韓国経済が悪いために、政治的なテーマを挙げることで、「日本のせいだ」と言い訳をして政治家が逃《のが》れているわけです。その点で、連動はしているのだと思います。

7 「縁起《えんぎ》の理法《りほう》」で世界経済を考える

世界を標準化しようとする「グローバリズム」はどこが怖《こわ》いのか

さて、今までは自由貿易で、なるべく多くの国がチームを組むことによって身を護《まも》ろうとしていたのですが、「トランプ革命」以降は、少し考え方が変わってきつつあります。この理由が私には分かります。

一九九〇年代に日本経済が崩壊《ほうかい》したのは、「グローバリズム」のためでした。グローバリズムというのは、「アメリカ的な価値観というか、そういった産業構造的なものが世界に広がれば、世界が幸福になる」という考えだったわけですが、結果は違《ちが》ったのです。

それぞれの国が別々の単位で独立していたときには、「貧富の差があっても当たり前」という考えだったでしょう。例えば、アフリカのある国の平均年収がアメリカの百分の一しかなくても、つまり、アメリカにはその国の百倍の平均年収があったとしても、みな、「それはアメリカだからしかたがないだろう」と思っていました。しかも、みながアメリカに行きたがるので、アメリカに入るのは大変だったのです。英語を勉強して、教育をつけなければ行けませんでした。

ところが、「マクドナルドがアフリカでも食べられるように」という感じで、「アメリカのシステムが、すべての国で、世界で、機能するように」ということになったらどうなったでしょうか。

これはコンピュータなどとまったく同じで、世界の標準化を目指しているわけですが、世界を標準化していくと、ある意味で、〝でこぼこの差〟がすごく気になるようになるのです。そして、「特定の個人がものすごく儲《もう》けているのに、こここでは貧困がこんなに続いている」といったように、以前は意識されなかったことが、急に意識されるようになってきます。そうなると、次には、「ビル・ゲイツ氏の財産をみなで食い潰《つぶ》したら、いったい何人が食べられるか」というようなことを計算する人が出てくるわけです。

ある意味で、グローバリズムのなかには、フランスの経済学者トマ・ピケティ●氏の『21世紀の資本』のように、「儲かっているところからお金を取って、ばら撒《ま》かなければ、みなが同じようにはならない」というような思想があるのでしょう。このあたりが、実は怖《こわ》いところだと思います。

そもそも、「チャンスの平等を与《あた》えて、努力した者が富を手にする」というシステムは、「自由主義」と「資本主義」が合わさったシステムでした。このシステムがうまく機能していたのですが、世界がオンライン化されることで格差の部分がよく見えるようになった結果、厳しくなってきたわけです。

●トマ・ピケティ（1971～）　フランスの経済学者。専門は公共経済学。所得格差の拡大する状況を統計的に分析し、富裕層への課税による是正を主張。主著『21世紀の資本』等。

「魚を与《あた》える」より「魚の釣《つ》り方」を教えよ

これに対しては、ある程度、仏教で言う「●縁起《えんぎ》の理法《りほう》」を考えなくてはいけないでしょう。「世界の一パーセントの人が儲けすぎている」という考えもあるかもしれませんが、逆に言えば、「何もしなくても、棚《たな》ぼたでみなが同じようになる」というのもおかしな話です。

やはり、「何が原因で、それぞれが豊かになってきたのか」という道筋《みちすじ》を、国別にも明らかにする努力をしなければいけません。また、各国のなかで成功した産業人なども明らかにする必要があるのではないでしょうか。

そういう意味で、成功したノウハウのところをかたちにして、ほかの国に教えるようにしたほうがいいと思います。例えば、「こういうことによって富が増え、産業が発達し、この人は大金持ちになったんですよ」といった話を教えないと分

●**縁起の理法**　仏教の中心思想の一つで、「因《いん》（原因）」と「縁《えん》（条件）」によって「果《か》（結果）」が現れるという法則のこと。「原因・結果の法則」ともいわれる。『大悟の法』『心の挑戦』（共に幸福の科学出版刊）等参照。

からないわけです。

それは、昔から言われているように、「魚を与《あた》えるよりも、魚の釣《つ》り方を教えなさい」ということです。要するに、「釣竿《つりざお》のつくり方」や「天蚕糸《てぐす》（釣り糸）のつくり方」「釣り針のつくり方」「重《おも》りのつくり方」「餌《えさ》の付け方」等を教え、魚を釣る方法を教えたら、相手は自分でそういったものをつくって、一生、魚を釣り続けることができるでしょう。ところが、相手に釣った魚を配るだけであれば、食料は、その日のうちに尽《つ》きてしまいます。

もちろん、熊《くま》などの動物たちは、毎日毎日、自分が食べる分だけの魚を獲《と》って生活しているわけですが、人間の場合は、仲間に釣りの方法を教えたり、さらには、養殖《ようしょく》をしたりするようなこともやっているのです。そうしたことを知らなくてはいけません。

やはり、このあたりの「考え方」を〝パッケージ〟にして教えていかなくてはいけないのです。例えば、「日本は明治時代に銀行システムをつくったことで発展したんですよ」というようなことを言っても、その伝わり方が十分でないと、なかなか理解はされないでしょう。もし、アフリカに銀行をつくっても、「銀行強盗《ごうとう》をするのがいちばん手っ取り早い。紙幣《しへい》を移動させれば儲かる」というように考えられたら敵《かな》いません。そういうところでは、ゲリラのようなものがたくさん出没《しゅつぼつ》する可能性すらあるので、なかなか信用経済が成り立たないわけです。

物事の「信用」を見極《みきわ》める三つの視点

したがって、すでに二十一世紀に入ったとはいえ、これからも、「いまだに有効な経済面での発明・発見とは何であるのか」、あるいは、「なぜ、そういうものをつくることが値打ちを生むのか」ということを考えていくことが大事です。

例えば、ビットコインは仮想通貨ですが、なぜ、仮想のものが実体効力を持っており、仮想通貨で回転寿司《ずし》などが食べられるのでしょうか。

もちろん、寿司屋はその仮想通貨を信用しているのだとは思いますが、もし支《し》払《はら》いが滞《とどこお》ったら、あっという間に、その信用は崩壊するでしょう。

そのように、お互《たが》いに、ある程度レベルが上がって、信用経済が成り立ってくれば、実体がないものでも信用できるようにはなるわけですが、そうでない場合には、やはり厳しいと思います。

あるいは、契約《けいやく》ということであれば、法律的にもキチッとした書面がないと、契約が成立しないため、普通《ふつう》は雇用《こよう》計画など成り立ちません。

ただ、確かに例外もあって、例えば、幸福の科学の総裁がＨＳＵの文化祭に行き、いろいろな出し物を見たなかで、「この人の研究発表はすごい。この人はできるから、職員にしよう」と思って、「君、当会の職員にならないか」と声をかけたら、どうなるでしょうか。もし、相手が、「分かりました！　なります」と答えた場合、九十九・九パーセントの確率で採用されるのは確実でしょう。よほどの事情が発生しないかぎり、そうなるわけで、言葉一つで契約が成立する場合もあるのです。

しかし、通常であれば、「信用について、そのもとになる部分がどのくらいまであるのか」、また、「実際にプラグマティックな面において、役に立っているかどうか」等をよく見極《みきわ》める目を持つ必要があります。

さらには、「やっていることが進化しているかどうか」を、常にウオッチし続けなければなりません。進化しているというのは、要するに、「それが、ミクロ経済的に、小さな会社や小さな個人のプラスになっているのみならず、産業全体や国レベルでもプラスを生むような方向に進化しているかどうか」ということです。それらを同時に考える人が増えていかなければいけないですし、そういう人でなければ、経済人として正当ではないと見るべきでしょう。

なお、世界の国々のレベル差からして、全部の国がすぐ同じレベルにならないことは明らかです。それは政治においても経済においても同じであり、全部がすぐに同じレベルにはなりません。そのなかで、選ばれた国とそうでない国とでは、やはり、発展に時差が出てくるでしょうから、そのあたりについて考えなければいけないと思います。

8　国家間の「戦争の経済学」まで考える

「山賊経営《さんぞく》」対「自由貿易」の戦いが始まっている

北朝鮮《きたちょうせん》のミサイル問題や核《かく》開発問題では、ある意味で、逆に、北朝鮮のほうから「自由貿易への挑戦《ちょうせん》」が起きているわけです。

それは、「国が強ければ、『平和なときに最大の利益が出る』という自由貿易の概念《がいねん》を破れるかどうか」ということです。

要するに、金正恩《キムジョンウン》氏はアダム・スミス●に挑戦しているのかもしれません。あのように、「ならず者国家」風にやられたら、正当な貿易が成り立たなくなります。

これは、「とにかく、襲《おそ》いかかって脅《おど》し、金品を出させる」という〝山賊《さんぞく》経営〟

●アダム・スミス（1723～1790）　「経済学の父」と呼ばれるイギリスの経済学者・哲学者。主著『国富論』において、自由競争に基《もと》づく経済発展の理論を説き、経済学の基礎を確立。「自由競争によって『見えざる手』が働き、最大の繁栄がもたらされる」という思想が有名。

〝山賊経済〟だと思います。

そうした「山賊経営」対「自由貿易」の戦いが始まっているわけです。

ミサイルや核兵器をも使う山賊経営が始まったら、山賊が追い剝《は》ぎをする場合よりも怖《こわ》く、もっと大きな被害《ひがい》が出てき始めるので、それと反対側の、山賊を取り締《し》まるほうでは、軍隊なり警察部隊なりをつくらなくてはいけなくなったりして、〝大きな政府〟をつくるきっかけも生じてきています。

世界経済が、多少、保護貿易化してきていますが、同時に山賊経済も自由貿易に挑戦してきています。平和の配当をよしとしない国が出てきた場合、どうなるかということですが、結局、「強ければよいのだ」という考え方になるのです。

日本で言えば、戦国時代の経営もそうかもしれません。強ければ、ほかの国を取れるので、〝丸ごと〟取ってしまえば、その国の「人民」も「土地」も「産物」も「お金」も「資本」も「鉄」も、全部手に入ります。

●戦いが始まって……　その後、2018年6月12日の米朝首脳会談において、金正恩《キムジョンウン》委員長は、朝鮮半島の完全な非核化に向けて取り組むことをトランプ大統領と合意したものの、北朝鮮は短距離ミサイル発射実験等を繰り返している。

つまり、強い者がすべてを〝癒《い》やす〟のです。

和田秀樹《わだひでき》風に言えば、「偏差値《へんさち》はすべてを癒やす」ということでしょうが、偏差値ではなく、「核兵器、核ミサイルは、すべてを〝癒やす〟。国の難問を、全部解決する」という考えもあるのかもしれません。

もっとも、これに関しては、「武器効率で、アメリカの核ミサイルと北朝鮮の核ミサイルが同等かどうか」という疑問があります。実際に使ってみないと分からないのですが、たぶん、違《ちが》いがあるのではないかと思います。

ただ、それが分かったころには、もうすでに、かなり大変な状況《じょうきょう》になってはいるでしょう。

北朝鮮《きたちょうせん》の〝山賊《さんぞく》経済学〟を破らなくてはならない

金正恩氏の北朝鮮《きたちょうせん》は、平壌《ピョンヤン》市内でナマズの人工養殖《ようしょく》を行い、「タンパク質の供給ができている」というようなことを外国に自慢《じまん》しています。

しかし、仮に、日本の東京都内でナマズを養殖し、それを外国の記者やジャーナリストたちに見せ、「これで国民に食料を供給できている」というようなことを言ったら、かえって、「日本が、どの程度貧しいか」ということが、外国に分かってしまうでしょう。

金正恩氏は、ナマズの養殖による食料供給を、「すごく進んだことだ」と思っているような人なので、おそらく、「外国からガッポリとお金を取れるとか、何か食料を取れるとか、そういうことにつながるのなら、北朝鮮の人を百万人ぐらい〝担保《たんぽ》〟として差し出してもよい。国民が死んでくれるほうが儲《もう》かる」という〝経済学〟を持っているのではないでしょうか。

そういう〝山賊《さんぞく》経済学〟を、おそらく持っていると思うのです。

それに比べて、アメリカ人一人当たりの値打ちは、極《きわ》めて高いだろうと思われます。例えば、百人の北朝鮮人どころではなく、千人と引き換《か》えても、もったいないと思っているでしょう。北朝鮮は、「それだけ命がもったいなかったら、金を出せ」と言って、脅しているのではないかと思います。

この〝山賊経済学〟を破らなければいけないのではないかと思うのです。自由貿易は、一時期、危機を少し経験するでしょう。それはＥＵ（ヨーロッパ連合）でも起きてくると思います。

ＥＵでは、それぞれの加盟国の間で力の差がありすぎるのに、それを同じにしようとしています。先ほど述べた「グローバル化」と同じですが、ＥＵのなかで、「通貨の値打ち」や「政府の信用」「経済力」「住民の生活レベル」を同じにしようとしたら、豊かな国は少ししかないので、下のレベルのほうに引っ張られるのです。

それで国が貧しくなるから、イギリスはＥＵから逃《に》げ出そうとしているわけです。

●イギリスは……　イギリスは、2019 年 10 月 31 日をもって、EU を離脱する予定になっていたが、英議会の承認が取れずに延期の見通しとなった。

これは、経済的には十分にありうることで、もともと考えられていたことです。EUのなかで豊かなのはイギリスとドイツ、フランスぐらいしかないので、けっこう大変なのです。

それから、日本では「平和の国」「社会福祉《ふくし》の国」と思われているスウェーデンでも、今、国防のための費用がどんどん増えています。

ロシアのプーチン大統領が〝活性化〟しているので、「プーチンが北欧《ほくおう》やバルト三国も取りに来るのではないか」と思って恐《おそ》れ、〝プーチンの侵略《しんりゃく》〟に備えて、戦争の対策を立てているのです。今、そうとうな国費を使い始めています。

そのように、戦争も絡《から》めた〝山賊型経済学〟というものが生じているので、アダム・スミス以来の経済学を少し考え直さなくてはいけないときが来ているかもしれません。

中国経済に対する締《し》め上げが始まる

ともかく、「全部を同じレベルにすれば平和になる」という村社会的な考えもありますが、リーダーの国が機能しなくなるような経済学では困るのではないかと思っています。

はっきり言えば、アメリカが、中国に対して、あれだけの経済発展を起こすほどの外為上《がいため》のフェイバー（利益状態）を与《あた》え続けていなければ、この国際的な危機も、実はアジアに関しては起きていないのです。そのへんについては、考え方は弱かったように思います。

中国は軍事を拡張し、アジアに軍事拠点《きょてん》をたくさんつくっていますし、とうとう、アフリカにも、中国だけが使う軍港のようなものまでつくっています。

これが世界の脅威《きょうい》になるのであれば、中国経済に対する締《し》め上げが始まるはず

●中国経済に対する締め上げ……　本法話の後、米トランプ政権は2018年7月から数回にわたって、中国からの輸入品に対して制裁関税をかけた。その結果、中国の経済成長は鈍化している。

です。中国は今まで、人民元の有利さから、ずいぶん儲けて外貨を貯《た》めましたが、これからは締め上げられるはずです。

すると、どうなるかというと、アメリカには、結局、日本との絆《きずな》を保つことしか基本的に方法はないので、おそらく、「アメリカは日本との貿易を増やし、日本を富ます方向の作戦を取る」と思われます。したがって、「中国の儲かっている部分は日本に移動する」と思います。

それから、〝ドイツが被《かぶ》っている呪縛《じゅばく》〟も、多少解かなければいけないようになってくるだろうと思うので、おそらく、国力が、世界のオピニオンの正当な発信力に変わっていくのではないかと思っています。

「戦争の経済学・政治学」を勉強するなかで経営のあり方を考えよ

ここまで述べてきたように、「未来の経営」を考えるに当たっては、「国際経済」や「国際政治」の流れを考えなくてはいけません。

また、これから考えなくてはいけないことの一つは、「投機的なものや仮想通貨による仮想的な信用の膨張《ぼうちょう》を、どのように見るか」ということです。

さらに、「戦争の経済学」についても考える必要があります。戦後の七十数年間、日本は大きな戦争をしていませんが、「平和ボケ」をしているので、「戦争の経済学」について、もう一回考えて、「何が起きるか」ということを、もう少しよく考えておかなければいけないのです。

今、私が話している時点（二〇一七年八月十五日）で、北朝鮮は、「グアムあたりにミサイルを四発ぐらい撃《う》ち込《こ》む準備はもうできている。金正恩委員長が命令さえすれば、それは飛ぶのだ。そのミサイルは、日本の島根と広島、高知の上空を通過する」というようなことを述べています。

そのため、日本は「ＰＡＣ《パック》－３《スリー》（地対空誘導《ゆうどう》ミサイル）を中国地方と四国に移動する」と言っていますが、「おそらく、ほとんど役に立たないだろう」と推定はしています。

そんなものを置いても、夜中に撃たれたり、休みの日に撃たれたりしたら、全然機能せずに、また日本の上空を通過されるかもしれません。（北朝鮮のミサイルが飛行に）失敗したときだけは心配で、真上から破片《はへん》が落ちてくることもあると思います。

いずれにしても、ＰＡＣ－３は役には立たないとは思いますが、〝押《お》っ取り刀〟で恐怖《きょうふ》は発しているようです。

「戦争の経済学」と、やはり、「政治学」をもう少し勉強しなければいけないのではないかと思っています。そのなかで、これからの経営のあり方を考えていくことが大事です。

9　マスコミに出ない未来情報で判断せよ

「どんな変化が起きても生き残れる経営」を考え続けよ

経営者は、「どのような事態の変化が起きても、そのなかで生き残れる経営とは何か」ということを考え続けなければいけません。

その意味では、やはり、「日々のイノベーション」を大事にしなくてはいけなくて、「次のもの」をいつも考えていく態勢が大事です。

想像していなかった外部的な要因で、流れが全部バサッと切れることもあれば、「追い風が吹《ふ》いている」と思っているものが駄目《だめ》になることもあるので、それについては、よくよく考えてください。

とにかく、経営をやろうとしている者であるなら、今、流行《はや》っているもの、あるいは流行りすぎているものについて、「やがてブームは過ぎていく」ということを知っておいたほうがよいわけです。「ブームが過ぎていったときに残るかどうか」ということを考えなくてはいけません。

私の学生時代だと、喫茶店《きっさ》には「インベーダーゲーム」のゲーム機がたくさん入っていました。画面上に宇宙人やＵＦＯが出てきて、それを撃《う》ったりするようなものが、やたらと置いてあったのです。

ゲーム中は、ピコピコと音が出てうるさく、落ち着かないので、私は「こんなものは要《い》らないのに」と思ったのですが、喫茶店は、どこもかしこも、それを入れていました。

「こんなものは、いずれ駄目になる」と思いつつも、まだニーズがあるうちはどんどん流行るのですが、ブームが過ぎると、それをつくっている会社自体が潰《つぶ》れることもあります。

また、「たまごっち」というゲーム機がすごく流行ったときもあります。売れるから、つくらざるをえないし、供給せざるをえなかったわけですが、ブームが去ったら、その会社は在庫を抱《かか》えて赤字になりました。

その意味では、ブームが来ても、知恵《ちえ》を持って、多少抑《おさ》えながら、「これが長く続いていくようにするには、どうしたらよいか」ということを考えなくてはいけません。

私が経験したこととしては、ボウリングブームなどは、私が会社勤めをしていた時代には、もうすでに始まっていました。その会社は、銀行から、「お金を貸すから、やれ、やれ」と言われ、ボウリング場開発をやっていたのですが、一九九〇年代のバブル崩壊《ほうかい》で全部焦《こ》げついたりしたため、会社にとってものすごい重荷《おもに》になり、結果的には、けっこう厳しいことになったようです。

一方、今は要らなくても、「将来、それが要るから」と言ってやっているものについては、「先見性なのか。ただの無駄なのか」ということ、要するに、「投資として実を結ぶものなのか、投機なのか」ということを、本当によく見なくてはいけないのです。

また、あまりにも〝怪《あや》しいもの〟については、気をつけて見なくてはいけません。

ただ、怪しいもののなかには、〝イノベーションの種〟として、「次なるもの」になるものもあるので、そこは十分に注視していったほうがよいと思います。

経営者にとって最も重要なのは、「幸福の科学が発信する情報」

もし今、私が経営者として会社を起こして、やっていくとしたら、いちばん重要な情報とするのは、やはり「幸福の科学の情報」だと思います。

もう二十年近くになりますが、毎年、私が十二月ぐらいに出す「法シリーズ」は、今の日本では、だいたい翌年《よくねん》のトレンドになっています。それが、トレンド分析《ぶんせき》をしている人たちの考え方です。

私が『〇〇の法』という本を出すと、翌年《よくとし》は、だいたい、その理念の方向でいろいろなものが動くので、「法シリーズ」で出た考え方がトレンドとなり、その次が続くと見たほうがよいのです。

また、いろいろな情勢に対する私の判断等も、よく見ておいたらよいと思います。

最終的な価値は、やはり、幸福の科学が根ざしている「真理価値」です。それがあれば、たとえ、この地上のものの価値が全部なくなったとしても構わないのです。

当会は、結局、四次元以降の霊界《れいかい》、神様まで通じる実相《じっそう》世界の価値を、この世に降ろそうとしています。この価値は銀行の信用よりも高いことを知っておいていただきたいと思います。

最終的な価値はどこから出るかというと、神様から生まれてくるのです。神様が思うこと、すなわち、神様の示す、「このようにしなさい」「こういう社会にしなさい」「こういう考え方にしなさい」「こういう学問にしなさい」「こういうものをつくりなさい」というような判断が、値打ちを持っているわけです。

したがって、神様が構想していることや、考え方として出していることを、知らなくてはなりません。

神様が、「こういうものが流行ってはいけないのだ」と言っているものについては、「これは廃《すた》れる」と思い、「こういうものを流行らせなくてはいけないのだ」と言っているものの方向に、産業の未来を拓《ひら》いていくべきなのです。

幸福の科学からの発信は、未来を先取《さきど》りしている

私が目指したいこと、この本を読む人たちに伝えたいことは、要するに、「幸福の科学という宗教が発信しているものには、ある程度、未来を先取《さきど》りしているものが多い」ということです。

当会は、もともと、神様、あるいは仏様という、宇宙の根本《こんぽん》というか霊界の根本（に当たる存在）から出ている価値観に基《もと》づいて運動をしています。

それを読み取り、それに基づいて考えなくてはなりません。そして、先ほど述べた「バブルではなく、値打ちのあるもの」で、かつ、「自分のみならず、産業界や国家をも潤《うるお》していくようなもの」のほうに、生き筋《すじ》を見つけなくてはなりません。そのへんのトレンドを見失わないようにすることが大事です。

そして、政治関係に関しては、幸福実現党が発信していることをよく聴《き》くこと

●未来を先取り……　幸福の科学では、未来産業リーディングやUFOリーディング等、未来科学のヒントとなるようなリーディングが数多く収録、公開されている。『トーマス・エジソンの未来科学リーディング』『UFOリーディングⅠ』『UFOリーディングⅡ』（いずれも幸福の科学出版刊）等参照。

が大事です。

「自民党がいくら票を取ろうとも、あるいは民主党や共産党、公明党がいくら票を取ろうとも、彼らが発信している情報はまったく当たっていない」ということは、この十年を見たら、もう、よく分かることです。言ってきたことが〝当たっている〟のは幸福実現党のみです。

幸福実現党は、「消費税率を五パーセントから八パーセントに上げたら、アベノミクスは失敗する」と言っていましたが、その後、何年かたち、経済の動きを見てみると、やはり、「消費税率を上げなかったら、アベノミクスは成功していたのではないか」ということが、統計のグラフからも読み取れるようになってきています。

幸福実現党は、いつも「正しいこと」を言っているのです。「正しいこと」を何度も言っているにもかかわらず、それをマスコミが取り扱《あつか》わなかったため、マスコミも今、衰亡《すいぼう》の道に入っているところだと思います。

ただ、幸福の科学の示すトレンドにきちんと乗ってくるマスコミだと、生き残れる可能性は高いと言えます。出版業界についても、出しているものが、当会から発信しているような価値観になじむものか、それとも反発するものかをよく見たら、そこが生き残れるかどうかは分かるだろうと思います。

それから、海外投資についても、やはり、〝将来の世界地図〟を見ながら考えなければならないのです。

10　最大に「値打ちを持つ価値」とは何か

「未来産業のヒント」が山のように入っている大川隆法の本

今回、私が述べたかったことは、次のようなことです。

経営者マインドとしては、経営者が一般《いっぱん》的にやらなくてはいけないこと、例えば、「売上最大・経費最小」「他との差別化」「日々のイノベーション」「予期せぬ成功をきちんと見破り、予期せぬ失敗について反省すること」、それから、「自分の仕事をよく見ること」なども非常に大事なことではあります。

ただ、最終的には、「神の価値観を成就《じょうじゅ》する運動」は、何百年、あるいは、それ以上の期間にわたる大きなトレンドになってくるので、その方向で、産業のうねりも、政治経済のうねりも、自分の会社における経営の動きも考えていかねばなりません。そこにヒントがたくさんあるのです。

私が出した本には、「未来産業のヒント」が山のように入っているので、川底の砂金を選《よ》り分けて採るようなつもりで、もう一度、「何かヒントが書かれていないか」という目で見ていってください。必ず経営のヒントがあるはずです。

また、私が時事的なことを言っているときには、感度的に、少なくとも二、三年、場合によっては十年以上早い意見を言っています。「時差が多少ある」ということは織り込《こ》まなくてはならないとしても、未来に対する準備は十分にできるはずです。

これを思えば、「経営者や経営者を目指す人たち、会社の幹部、管理職にある人やエリートたちは、幸福の科学の教えを勉強していないと、これから先はもたない」ということが十分に言えるのではないかと思います。

今回の法話《ほうわ》には、「経営者のスキル」というより、「経済的な問題」についてのやや大きな話をかなり入れましたが、そのような刺激《しげき》を受けて、多少、頭のなかをシャッフルしないと、自分のことだけを考え、物事を小さく考えてしまうのです。やはり、先のトレンドや危険性について考えながら、「今、自分は何をなしているのか」ということを知り、しっかり行動することが大事です。「細《こま》かい積み上げ」や「創意工夫《そういくふう》」「ほかの人がやらないところまで努力すること」など、やるべきことはたくさんあると思います。

また、当会が精神的な価値として発信しているものを身につけて、やっていくことが非常に大事です。当会の運動は宗教の運動でもありますが、「新しい資本主義的なもの」でもあり、「二宮尊徳《にのみやそんとく》精神のようなものもきちんと入っている運動」ではあるので、生き残るための術《すべ》はきちんと伝えていると思います。

百年以上遺《のこ》っている古典を読み、「人間としての生き筋《すじ》」を問えます。

そういう意味では、幸福の科学の考え方を伝える「伝道」も大事だと思っています。

経営者で伝道する方も伝道能力が高いと思いますが、伝道は、結局のところ、新しいお客様、顧客《こきゃく》をつくることにもなると同時に、「顧客を救う」ことにもなっていきます。顧客たちに未来を拓《ひら》くことにもなるわけです。

また、自分の会社のなかで伝道をすることは、会社全体が助かる道でもあります。

例えば、私の商社勤務時代は「バブルの時代」でした。アメリカのレーガン大統領の時代と重なるのですが、銀行がすごくお金を貸し込んできて、要するに、〝バブル起こし〟をやっていたのです。

私は、やはり、「お金を借りすぎている」と感じていましたし、銀行が「土地担保《たんぽ》だ！」と頑《がん》として言い続けていることについて、「おかしい」と思っていました。

そのころは、ゴルフ場ブームやボウリング場ブームでもありましたが、「こんなものがいつまでも続くわけはない。やはりブームは去るだろう」と思っていたのです。

その時代の流行《はや》りもあって、流行りのビジネス書などを読むことも大事かもしれませんが、古典のようなもので、評価の動かざるもの、百年以上たっても価値が残っているようなものも、しっかり読んで、その本質的なところをつかむことは非常に重要だと思っています。

そして、おかしいものについては、「おかしい」という、その筋《すじ》が見えることは、すごく大事なことです。

経営者というものは、実は、「お金儲《かねもう》けの達人」というより、「人間としての生き方の筋、あるいは、会社として人を集めて行う事業の筋が見える人」でなくてはなりません。

「人間としての生き筋として正しいのか。正しい道なのかどうか」ということを常に問うことが非常に重要であり、それは、「真《しん》・善《ぜん》・美《び》」全体の追究にもなるのです。

そのあたりでは、幅広《はばひろ》い教養と、信念を含《ふく》んだバックグラウンドを持つことが、経営者にとっては大事だと思います。

あとは、「〝新老人〟の世界まで、どうやって生き延びていくか」を考えることも重要かと思っています。

かなり大きなマクロでの話になりましたが、「経営者マインドの確立」を、会社の末端《まったん》に至るまで、あるいは、若手の社員、職員に至るまで持つことが、やはり、勝ち残り、生き残るための方策であると信じて疑いません。

POINT

1

「新しい価値の創出」がなければ、経営は成り立たないのだと心得《こころえ》よ。

2

リーマン・ショックのような、実体のない〝幻想《げんそう》の経済〟は、最後には潰《つぶ》れる。仮想通貨にも同様のリスクがあることを知っておくべし。

3

機械化・ロボット化や工場の海外移転は、国内の雇用《こよう》を減らし、国富を減らしている面がある。

4

未来の経済倫理《りんり》として、「エゴイスティックな便利さ」ではなく、「個人や会社の富の増加が、同時に国富の増加になっているか」という基準を持て。

5

グローバリズムやEUのように、リーダーの国が機能しなくなるような経済学には問題がある。経営者は、「戦争の経済学」「政治学」のなかで経営を考えよ。

6

経営者が最も学ぶべきは、「幸福の科学の情報」だ。ここに「未来産業のヒント」が山のようにある。神様が構想している方向に、産業の未来を拓《ひら》け。

あとがき

富は政府から恵んでもらうものではない。

また、唯物的な清貧《せいひん》の思想は、現代では「やせがまんの法」である。

「ミリオネイア・マインド」「お金持ちマインド」「経営者マインド」について、近年説いたものを中心に集めてみた。

何とかして、この国が唯物論的な社会主義の国になるのは阻止《そし》せねばならない。

信仰のもとに、正しさを知り、勤勉に働き、貯蓄に励み、よき投資をし、雇用を生み出し、国庫に税金を納める。これが正攻法である。邪道《じゃどう》に惑わされることなく、未来の勝ち筋を見出すべきである。

正しい精神態度を持った勤勉な人々を、天は見捨てない。もう一度、各人の生き方から見直すべきである。

二〇一九年　十月二十二日

幸福《こうふく》の科学《かがく》グループ創始者兼総裁《そうししゃけんそうさい》　大川隆法《おおかわりゅうほう》

説法日一覧

第1章　ミリオネイア発想法

第2章　お金持ちマインド

第3章　経営者マインドの確立

二〇一九年六月三日説法
幸福の科学 特別説法堂にて

二〇一六年三月四日説法
幸福の科学 特別説法堂にて

二〇一七年八月十五日説法
幸福の科学 特別説法堂にて

『富の創造法』参考文献

『成功の法』（大川隆法 著　幸福の科学出版刊）
『大悟の法』（同右）
『現代の正義論』（同右）
『経営とは、実に厳しいもの。』（同右）
『日本の繁栄は、絶対に揺るがない』（同右）
『心の挑戦』（同右）
『資本主義の未来』（同右）
『経営と人望力』（同右）
『人間にとって幸福とは何か
――本多静六博士 スピリチュアル講義――』（同右）

『マルクス・毛沢東のスピリチュアル・メッセージ』（同右）
『毛沢東の霊言』（同右）
『中国 虚像の大国――商鞅・韓非・毛沢東・林彪の霊言――』（同右）
『グレイの正体に迫る』（同右）
『成功者の町』（大川隆法 原案／大川咲也加 作　同右）
絵本「パンダルンダ」シリーズ（大川紫央 著　同右）
『大川咲也加の文学のすすめ～世界文学編～（中）』（大川咲也加 著　同右）

※左記は書店では取り扱っておりません。最寄りの精舎・支部・拠点までお問い合わせください。
『黒帯英語九段③』（大川隆法 編著　宗教法人幸福の科学刊）

富《とみ》の創造法《そうぞうほう》
――激動時代を勝ち抜く経営の王道――

2019年11月29日　初版第1刷
2020年2月17日　第3刷

著　者　大《おお》　川《かわ》　隆《りゅう》　法《ほう》

発行所　幸福の科学出版株式会社
〒107-0052 東京都港区赤坂2丁目10番8号
TEL(03)5573-7700
https://www.irhpress.co.jp/

印刷・製本　株式会社サンニチ印刷

落丁・乱丁本はおとりかえいたします

ISBN978-4-8233-0125-4 C0030

経営論シリーズ

経営と人望力
成功しつづける経営者の資質とは何か

豪華装丁
函入り

年代別の起業成功法、黒字体質をつくるマインドと徳、リーダーの条件としての「人望力」など、実務と精神論の両面から「経営の王道」を伝授。

10,000円

経営戦略の転換点
危機を乗りこえる経営者の心得

豪華装丁
函入り

経営者は、何を「選び」、何を「捨て」、そして何を「見抜く」べきか。"超"乱気流時代を生き抜く経営マインドと戦略ビジョンを示した一冊。

10,000円

経営とは、実に厳しいもの。
逆境に打ち克つ経営法

豪華装丁
函入り

危機の時代を乗り越え、未来を勝ち取るための、次の一手を指南する。「人間力」を磨いて「組織力」を高める要諦が凝縮された、経営の必読書。

10,000円

※表示価格は本体価格（税別）です。

経営論シリーズ

未来創造のマネジメント

事業の限界を突破する法

豪華装丁
函入り

変転する経済のなかで、成長し続ける企業とは、経営者とは。経営判断、人材養成、イノベーション──戦後最大級の組織をつくりあげた著者による、現在進行形の経営論。

9,800円

忍耐の時代の経営戦略

企業の命運を握る
3つの成長戦略

豪華装丁
函入り

日本のマクロ経済の動向を的確に予測した一書。これから厳しい時代に突入する日本において、企業と個人がとるべき「サバイバル戦略」を示す。

10,000円

社長学入門

常勝経営を目指して

豪華装丁
函入り

社長の成長が、組織の成長を決める──。デフレ時代を乗り切り、組織を成長させ続けるための経営哲学、実践手法が網羅された書。

9,800円

経営論シリーズ

経営入門
人材論から事業繁栄まで

豪華装丁
函入り

経営規模に応じた経営の組み立て方など、強い組織をつくるための「経営の急所」を伝授！本書を実践し、使い込むほどに、「経営の実力」が高まっていく。経営の入門書であり、極意書。

9,800円

智慧の経営
不況を乗り越える常勝企業のつくり方

豪華装丁
函入り

会社の置かれた状況や段階に合わせた、キメ細かな経営のヒント。集中戦略／撤退戦略／クレーム処理／危機管理／実証精神／合理精神／顧客ニーズ把握／マーケット・セグメンテーション――不況でも伸びる組織には、この８つの智慧がある。

10,000円

公開霊言 スティーブ・ジョブズ 衝撃の復活

英語霊言
日本語訳付き

世界を変えたければ、シンプルであれ。そしてクレイジーであれ。その創造性によって世界を変えたジョブズ氏が、霊界からスペシャル・メッセージ。

2,700円

※表示価格は本体価格（税別）です。

新事業を成功へ導く

経営が成功するコツ
実践的経営学のすすめ

付加価値の創出、マーケティング、イノベーション、人材育成……。ゼロから事業を起こし、大企業に育てるまでに必要な「経営の要諦」が示される。

1,800円

実戦起業法
「成功すべくして成功する起業」を目指して

起業を本気で目指す人、必読！　事業テーマの選択や人材の養成・抜擢の勘所など、未来の大企業をつくりだす「起業論」のポイントが、この一冊に。

1,500円

経営の創造
新規事業を立ち上げるための要諦

才能の見極め方、新しい「事業の種」の探し方、圧倒的な差別化を図る方法など、深い人間学と実績に裏打ちされた「経営成功学」の具体論が語られる。

2,000円

富を引き寄せるマインド

心が豊かになる法則

幸福とは猫のしっぽのようなもの——「人格の形成」と「よき習慣づくり」をすれば、成功はあとからついてくる。人生が好転する必見のリバウンド法。

1,500円

繁栄思考

無限の富を引き寄せる法則

豊かになるための「人類共通の法則」が存在する——。その法則を知ったとき、あなたの人生にも、繁栄という奇跡が起きる。

2,000円

成功の法

真のエリートを目指して

愛なき成功者は、真の意味の成功者ではない。個人と組織の普遍の成功法則を示し、現代人への導きの光となる、勇気と希望の書。

1,800円

※表示価格は本体価格（税別）です。

AI時代に生き残る道

人格力

優しさと厳しさのリーダーシップ

月刊「ザ・リバティ」に連載された著者の論稿を書籍化。ビジネス成功論、リーダー論、そして、日本を成長させ、世界のリーダーとなるための「秘術」が明らかに。

1,600円

心に目覚める

AI時代を生き抜く「悟性」の磨き方

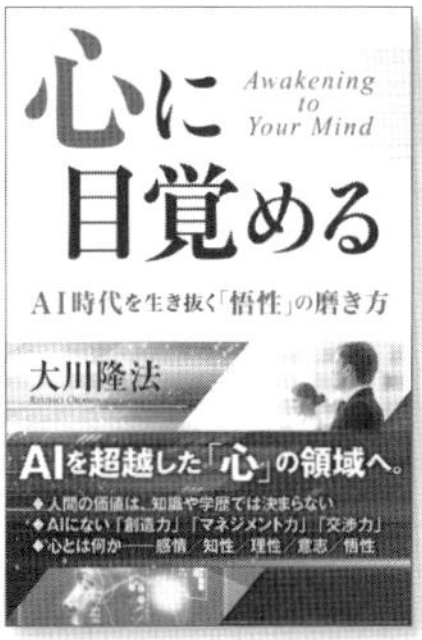

AIや機械には取って代わることのできない「心」こそ、人間の最後の砦――。感情、知性、理性、意志、悟性など、普遍的な「心の総論」を説く。

1,500円

創造的人間の秘密

あなたの無限の可能性を引き出し、AI時代に勝ち残る人材になるための、「創造力」「知的体力」「忍耐力」の磨き方が分かる一冊。

1,600円

幸福の科学出版

経営の秘訣を訊く

ドラッカー霊言による「国家と経営」

日本再浮上への提言

「経営学の父」ドラッカーが示す、日本と世界の危機に対する処方箋。企業の使命から国家のマネジメントまで、縦横無尽に答える。

1,400円

松下幸之助「事業成功の秘訣」を語る

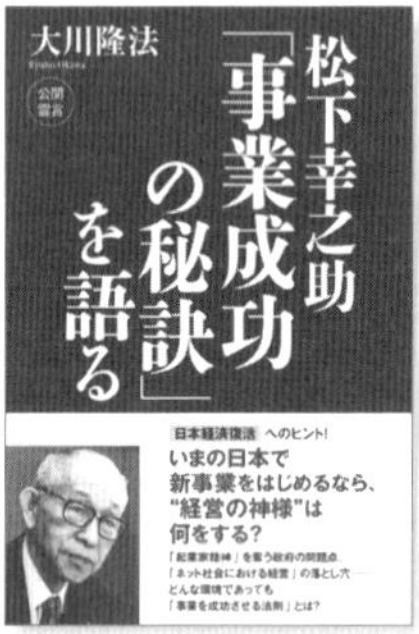

デフレ不況に打ち克つ組織、「ネット社会における経営」の落とし穴など、景気や環境に左右されない事業成功の法則を「経営の神様」が伝授！

1,400円

稲盛和夫守護霊が語る仏法と経営の厳しさについて

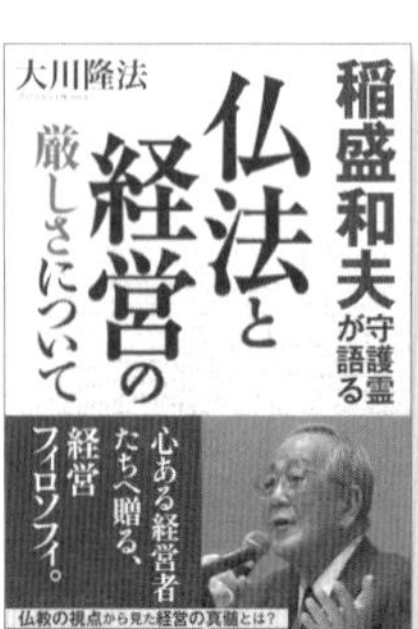

心ある経営者たちへ贈る、経営フィロソフィ。仏教の視点から見た経営の真髄とは？　経営の視点から見た日本の問題とは？　稀代の経営者の守護霊が、日本経済に辛口アドバイス！

1,400円

※表示価格は本体価格（税別）です。

幸福の科学グループのご案内

宗教、教育、政治、出版などの活動を通じて、地球的ユートピアの実現を目指しています。

幸福の科学

一九八六年に立宗。信仰の対象は、地球系霊団の最高大霊、主エル・カンターレ。世界百カ国以上の国々に信者を持ち、全人類救済という尊い使命のもと、信者は、「愛」と「悟り」と「ユートピア建設」の教えの実践、伝道に励んでいます。

（二〇二〇年一月現在）

愛

幸福の科学の「愛」とは、与える愛です。これは、仏教の慈悲《じひ》や布施《ふせ》の精神と同じことです。信者は、仏法真理をお伝えすることを通して、多くの方に幸福な人生を送っていただくための活動に励んでいます。

悟り

「悟り」とは、自らが仏の子であることを知るということです。教学《きょうがく》や精神統一によって心を磨き、智慧《ちえ》を得て悩みを解決すると共に、天使・菩《ぼ》薩《さつ》の境地を目指し、より多くの人を救える力を身につけていきます。

ユートピア建設

私たち人間は、地上に理想世界を建設するという尊い使命を持って生まれてきています。社会の悪を押しとどめ、善を推し進めるために、信者はさまざまな活動に積極的に参加しています。

国内外の世界で貧困や災害、心の病で苦しんでいる人々に対しては、現地メンバーや支援団体と連携して、物心両面にわたり、あらゆる手段で手を差し伸べています。

年間約２万人の自殺者を減らすため、全国各地で街頭キャンペーンを展開しています。

公式サイト **www.withyou-hs.net**

ヘレン・ケラーを理想として活動する、ハンディキャップを持つ方とボランティアの会です。視聴覚障害者、肢体不自由な方々に仏法真理を学んでいただくための、さまざまなサポートをしています。

公式サイト **www.helen-hs.net**

入会のご案内

幸福の科学では、大川隆法総裁が説く仏法真理《ぶっぽうしんり》をもとに、「どうすれば幸福になれるのか、また、他の人を幸福にできるのか」を学び、実践しています。

入会

仏法真理を学んでみたい方へ

大川隆法総裁の教えを信じ、学ぼうとする方なら、どなたでも入会できます。入会された方には、『入会版「正心法語《しょうしんほうご》」』が授与されます。

入会ご希望の方はネットからも入会できます。

ネット入会 **happy-science.jp/joinus**

三帰《さんき》誓願《せいがん》

信仰をさらに深めたい方へ

仏弟子としてさらに信仰を深めたい方は、仏《ぶっ》・法《ぽう》・僧《そう》の三宝《さんぽう》への帰依を誓う「三帰誓願式」を受けることができます。三帰誓願者には、『仏説・正心法語』『祈願文《きがんもん》①』『祈願文②』『エル・カンターレへの祈り』が授与されます。

幸福の科学 サービスセンター

TEL 03-5793-1727 （受付時間／火～金：10～20時 土・日祝：10～18時（月曜を除く））

幸福の科学 公式サイト

happy-science.jp

ハッピー・サイエンス・ユニバーシティ
Happy Science University

ハッピー・サイエンス・ユニバーシティとは

ハッピー・サイエンス・ユニバーシティ（HSU）は、大川隆法総裁が設立された「現代の松下村塾」であり、「日本発の本格私学」です。建学の精神として「幸福の探究と新文明の創造」を掲げ、チャレンジ精神にあふれ、新時代を切り拓く人材の輩出を目指します。

人間幸福学部　経営成功学部　未来産業学部

HSU長生キャンパス TEL **0475-32-7770**
〒299-4325　千葉県長生郡長生村一松丙 4427-1

未来創造学部

HSU未来創造・東京キャンパス
TEL **03-3699-7707**
〒136-0076　東京都江東区南砂2-6-5

公式サイト **happy-science.university**

学校法人 幸福の科学学園

学校法人 幸福の科学学園は、幸福の科学の教育理念のもとにつくられた教育機関です。人間にとって最も大切な宗教教育の導入を通じて精神性を高めながら、ユートピア建設に貢献する人材輩出を目指しています。

幸福の科学学園

中学校・高等学校（那須本校）
2010年4月開校・栃木県那須郡（男女共学・全寮制）
TEL **0287-75-7777** 公式サイト **happy-science.ac.jp**

関西中学校・高等学校（関西校）
2013年4月開校・滋賀県大津市（男女共学・寮及び通学）
TEL **077-573-7774** 公式サイト **kansai.happy-science.ac.jp**

仏法真理塾「サクセスNo.1」

全国に本校・拠点・支部校を展開する、幸福の科学による信仰教育の機関です。小学生・中学生・高校生を対象に、信仰教育・徳育にウエイトを置きつつ、将来、社会人として活躍するための学力養成にも力を注いでいます。

TEL 03-5750-0751（東京本校）

エンゼルプランV　TEL 03-5750-0757

幼少時からの心の教育を大切にして、信仰をベースにした幼児教育を行っています。

不登校児支援スクール「ネバー・マインド」　TEL 03-5750-1741

心の面からのアプローチを重視して、不登校の子供たちを支援しています。

ユー・アー・エンゼル！（あなたは天使！）運動

一般社団法人 ユー・アー・エンゼル　TEL 03-6426-7797

障害児の不安や悩みに取り組み、ご両親を励まし、勇気づける、障害児支援のボランティア運動を展開しています。

NPO活動支援

いじめから子供を守ろうネットワーク

学校からのいじめ追放を目指し、さまざまな社会提言をしています。また、各地でのシンポジウムや学校への啓発ポスター掲示等に取り組む一般財団法人「いじめから子供を守ろうネットワーク」を支援しています。

公式サイト mamoro.org　ブログ blog.mamoro.org

相談窓口 TEL.03-5544-8989

百歳まで生きる会

「百歳まで生きる会」は、生涯現役人生を掲げ、友達づくり、生きがいづくりをめざしている幸福の科学のシニア信者の集まりです。

シニア・プラン21

生涯反省で人生を再生・新生し、希望に満ちた生涯現役人生を生きる仏法真理道場です。定期的に開催される研修には、年齢を問わず、多くの方が参加しています。全世界213カ所（国内198カ所、海外15カ所）で開校中。

【東京校】TEL 03-6384-0778　FAX 03-6384-0779

メール senior-plan@kofuku-no-kagaku.or.jp

幸福実現党

内憂外患《ないゆうがいかん》の国難に立ち向かうべく、2009年5月に幸福実現党を立党しました。創立者である大川隆法党総裁の精神的指導のもと、宗教だけでは解決できない問題に取り組み、幸福を具体化するための力になっています。

幸福実現党 釈量子サイト　**shaku-ryoko.net**
Twitter　**釈量子@shakuryoko**で検索

党の機関紙「幸福実現NEWS」

幸福実現党　党員募集中

あなたも幸福を実現する政治に参画しませんか。

○幸福実現党の理念と綱領、政策に賛同する18歳以上の方なら、どなたでも参加いただけます。
○党費：正党員（年額5千円［学生 年額2千円］）、特別党員（年額10万円以上）、家族党員（年額2千円）
○党員資格は党費を入金された日から1年間です。
○正党員、特別党員の皆様には機関紙「幸福実現NEWS（党員版）」（不定期発行）が送付されます。

＊申込書は、下記、幸福実現党公式サイトでダウンロードできます。
住所：〒107-0052　東京都港区赤坂2-10-8 6階 幸福実現党本部

TEL **03-6441-0754**　FAX **03-6441-0764**　公式サイト **hr-party.jp**

幸福の科学出版

大川隆法総裁の仏法真理の書を中心に、ビジネス、自己啓発、小説など、さまざまなジャンルの書籍・雑誌を出版しています。他にも、映画事業、文学・学術発展のための振興事業、テレビ・ラジオ番組の提供など、幸福の科学文化を広げる事業を行っています。

アー・ユー・ハッピー？
are-you-happy.com

ザ・リバティ
the-liberty.com

幸福の科学出版
TEL **03-5573-7700** 公式サイト **irhpress.co.jp**

THE FACT ザ・ファクト

マスコミが報道しない「事実」を世界に伝えるネット・オピニオン番組

ザ・ファクト　検索

NEW STAR PRODUCTION ニュースター・プロダクション

「新時代の美」を創造する芸能プロダクションです。多くの方々に良き感化を与えられるような魅力あふれるタレントを世に送り出すべく、日々、活動しています。

公式サイト **newstarpro.co.jp**

ARI Production　ARI《アリ》 Production《プロダクション》

タレント一人ひとりの個性や魅力を引き出し、「新時代を創造するエンターテインメント」をコンセプトに、世の中に精神的価値のある作品を提供していく芸能プロダクションです。

公式サイト **aripro.co.jp**

大川隆法　講演会のご案内

大川隆法総裁の講演会が全国各地で開催されています。講演のなかでは、毎回、「世界教師」としての立場から、幸福な人生を生きるための心の教えをはじめ、世界各地で起きている宗教対立、紛争、国際政治や経済といった時事問題に対する指針など、日本と世界がさらなる繁栄の未来を実現するための道筋が示されています。

2019年12月17日 さいたまスーパーアリーナ
「新しき繁栄の時代へ」

2019年10月6日 ザ ウェスティン ハーバーキャッスル トロント（カナダ）
「The Reason We Are Here」

2019年7月5日 福岡国際センター
「人生に自信を持て」

2019年3月3日 グランド ハイアット 台北（台湾）「愛は憎しみを超えて」

2019年7月13日 ホテル イースト21 東京
「幸福への論点」

講演会には、どなたでもご参加いただけます。
最新の講演会の開催情報はこちらへ。⟹

大川隆法総裁公式サイト
https://ryuho-okawa.org